알면 약이 되는
약 이야기

알면 약이 되는 약 이야기

배현 글 | 신병근 그림

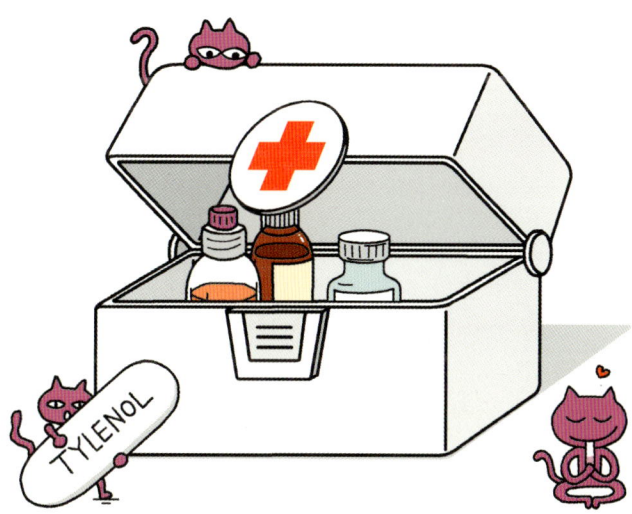

사계절

시작하는 말

약에 대한 올바른 정보를 위해

약은 사람들의 건강을 지키는 데 꼭 필요합니다. 하지만 잘못 사용하면 건강을 해치기도 한답니다. 약을 잘 사용하는 데 가장 필요한 건 바로 '관심'이에요. '관심'을 가지려면 잘 알아야 해요. 그래서 선생님은 우리가 흔히 가질 수 있는 약에 대한 궁금증에서부터 이야기를 풀어 보았습니다. 그다음에는 약의 형태와 효과 등 꼭 알아야 하는 다양한 정보를 이해하기 쉽게 써 놓았어요. 각 장에는 핵심이 되는 그림이 그려져 있습니다. 그림을 먼저 보고 글을 읽는다면 내용이 더욱 쉽게 이해되고 기억에 오래 남을 거예요.

책은 크게 1, 2, 3부로 나뉘어 있지만, 맘에 드는 부분부터 먼저 읽어도 전혀 상관없답니다. 책을 펼쳐서 마음에 드는 부분부터 읽어 보세요. 흥미가 생겼다거나 궁금증이 풀렸다면 여러분은 '약'에 한 걸음 가까이

다가서게 된 것이랍니다.

    요즘은 정보의 바다라는 인터넷을 타고 수없이 많은 정보가 범람하고 있습니다. 이 정보 중 다수가 그저 단순한 흥밋거리들이거나 심지어 오류인 경우도 많아요. 그냥 오류인 정도가 아니라 약의 오남용을 부추기는 정보들도 넘쳐 납니다. 만약 우리가 '약'에 대한 올바른 정보를 알지 못한다면, 정보의 홍수에 휩쓸려 방향을 잃고 헤매는 난파선이 될 수 있죠. 이제부터 선생님이 들려주는 약 이야기가 여러분들을 더욱 안전하고 건강하게 지켜 주는 올바른 정보의 초석이 되기를 기대해 봅니다.

2023년 여름

배 현

차례

시작하는 말 – 약에 대한 올바른 정보를 위해 4

1부 약에 대해 궁금한 모든 것

1. 아파서 입맛도 없는데 꼭 밥 먹고 약을 먹어야 돼요? 12
2. 콜라나 우유에 약 먹으면 안 될까요? 13
3. 약을 먹고 토했는데 다시 먹어야 하나요? 14
4. 약봉지 및 처방전을 읽는 법이 있을까요? 15
5. 약은 어떻게 몸속으로 퍼져 나가요? 16
6. 효과가 없는 가짜 약도 있어요? 17
7. 부작용은 왜 생기는 거예요? 18
8. 약을 자주 먹으면 효과가 떨어지나요? 19
9. 왜 머리가 아파도 열이 나도 타이레놀을 먹나요? 20
10. 감기 걸렸을 때 항생제를 꼭 먹어야 하나요? 21
11. 약국에서 같은 약이라고 했는데 왜 이름이 달라요? 22

12. 약은 색이 왜 이렇게 다양해요? 의미가 있나요? 23
13. 약의 다양한 모양이나 선에는 의미가 있나요? 24
14. 전문 의약품과 일반 의약품은 뭐가 달라요? 25
15. 비타민C도 약이에요? 26
16. 약 하나에 여러 가지 이름이 있다고요? 27
17. 약은 약국에서만 살 수 있나요? 28
18. 가장 처음 만들어진 약이 뭐예요? 29
19. 세계에서 가장 많이 팔린 약은 뭐예요? 30
20. 인공지능 로봇이 약사 대신 일할 수 있을까요? 31
21. 약에도 유통 기한과 소비 기한이 따로 있나요? 32
22. 먹다 남은 약을 쓰레기통에 버려도 될까요? 33
23. 병원에서 프로포폴을 맞은 건데 왜 처벌받나요? 34
24. 몸과 마음이 망가지는데도 왜 마약을 끊지 못하나요? 35

2부 약의 다양한 생김새

1. 꿀꺽 입으로 삼키는 약 38
2. 입에서 녹여 먹는 약 42
3. 입안에 사용하는 약 43
4. 피부에 뿌리고 바르는 약 44
5. 눈, 코, 귀에 사용하는 약 46
6. 항문에 사용하는 약 47
7. 기관지나 폐로 들이마시는 약 48
8. 몸속으로 바로 넣어 효과 빠른 주사 49

3부 이럴 땐 이런 약을 먹어요

1. 해열 진통제, 열나고 으슬으슬 아플 때 먹어요 52
2. 콧물약, 줄줄 흐르던 콧물이 뚝! 54
3. 기침약, 이제 '에취'는 그만! 56
4. 항생제, 인류의 역사를 바꾼 약 58
5. 항바이러스제, 눈으로 볼 수 없는 바이러스와 싸워요 60
6. 소화제, 답답한 속을 시원하게 62
7. 제산제, 쓰리고 답답하고 울렁거리는 속을 다스려요 64
8. 진경제, 아이고 배야! 배 아플 때 먹는 약 66

9. 멀미약, 차만 타면 너무 어지러워요 68

10. 변비약, 아무리 힘을 줘도 나오지 않아요 70

11. 수면제, 어떻게 해야 잠을 잘 잘 수 있죠? 72

12. 정신질환약과 치매약, 점점 환자가 늘고 있어요 74

13. 혈압약, 침묵의 살인자, 고혈압을 막아요 76

14. 백신, 병원균과 싸울 수 있는 힘을 길러 줘요 78

15. 항암제, 암세포와 싸우는 약 80

16. 영양제, 우리 몸을 더욱 건강하게 가꿔요 82

17. 소독약, 병원에서 소독을 시작한 지 얼마 안 됐다고요? 84

18. 마취제, 끔찍한 고통에서 벗어나 편안하게 치료 받아요 86

마무리하는 말 – 약은 정확하고 안전하게 88

약에 대해 궁금한 모든 것

아파서 **입맛**도 **없는데** 꼭 **밥 먹고** 약을 **먹어야** 돼요?

몸이 아프면 입맛도 없어지죠. 이럴 때 엄마가 "밥 먹자. 약 먹어야지."라고 말씀하시면 참 짜증 날 거예요. 그런데 왜 엄마는 꼭 밥 먹고 약을 먹으라고 말씀하실까요?

여기에는 두 가지 의미가 있어요. 밥은 보통 하루 세 번 먹기 때문에 약 먹는 시간과 비슷해서 잊지 않고 먹을 수 있어요. 그리고 약 중에서 소화불량, 더부룩함, 속 쓰림, 구토, 부글거림 등을 일으키는 것들이 있는데, 밥 먹고 먹으면 그런 부작용을 줄일 수 있어요. 만약 그런 부작용이 없는 약이라면 당연히 밥과 상관없이 먹을 수 있답니다.

약은 우리 몸이 스스로 만들어 낸 것이 아니기에 역할을 다 하고 나면 몸 밖으로 배출되어야 합니다. 그런데 약마다 우리 몸에 남아 있는 시간이 달라요. 오래 남아 있는 약은 여러 번 먹을 필요가 없죠. 반면 금방 몸 밖으로 배출되는 약은 자주 먹어야 합니다. 그래서 약은 밥 먹는 시간에 맞춰 먹기보다는 약의 복용법을 잘 읽고 시간 간격을 맞춰 먹는 것이 가장 좋답니다.

콜라나 우유에 약 먹으면 안 될까요?

약을 먹으려고 하는데 눈앞에 콜라나 우유, 과일 주스가 있다면 어떻게 할 거예요? 설마 물 가지러 가기 귀찮아서 그냥 콜라에 약을 먹는 것은 아니겠죠? 결론부터 말하자면 약은 꼭 물과 함께 먹어야 해요.

콜라로 대표되는 탄산음료는 탄산이 들어 있는 산성 음료입니다. 식초나 레몬처럼 시큼한 맛이 나는 것도 산성 음료예요. 우리가 먹는 대부분의 약은 산성의 세기에 영향을 받기 때문에 중성인 물에 먹는 것이 가장 안전해요.

우유는 건강한 음료인데 왜 안 되냐고요?

우유는 약의 흡수를 방해할 수 있습니다. 이와 마찬가지로 포도, 자몽, 오렌지 등 과일 주스도 약의 흡수 속도와 효과에 크게 영향을 미칩니다.

덧붙이면 약은 반드시 한 컵 이상의 충분한 물에 먹어야 합니다. 물을 너무 적게 마시면 약이 목에 걸려 식도가 헐거나 짓무를 수도 있습니다.

약을 먹고 토했는데 다시 먹어야 하나요?

토를 했다는 것은 입과 식도, 위장에 남아 있는 내용물이 입 밖으로 나간 거예요.

만약 입안에서 씹거나 녹여 먹는 약을 먹고 조금이라도 시간이 지난 뒤 토했다면 약물이 몸에 흡수된 상태입니다. 이런 때는 다시 복용(약을 먹는 것)하지 않습니다.

삼키는 약을 복용했을 때는 식전 복용 약과 식후 복용 약으로 나눠 생각해 보는 것이 좋습니다. 식후에 복용하는 약을 음식물과 함께 토했다면 다시 1회 용량을 복용하는 것이 좋습니다. 하지만 토를 했으나 음식물이 나오지 않았다면 약이 이미 소장으로 이동했다고 볼 수 있으므로 다시 복용하지 않습니다.

식전에 복용하는 약은 복용 후 15분 정도를 기준으로 이전에 토를 했다면 다시 복용하고, 이후에 토를 했다면 다음 회차에 먹는 것이 좋습니다.

하지만 식전 복용 약이든 식후 복용 약이든 소장이 아니라 위에서 흡수되는 약물이라면 일부 흡수된 것을 고려해 다음 회차에 복용하는 것이 좋습니다(약이 퍼져 나가는 순서는 16쪽 참고).

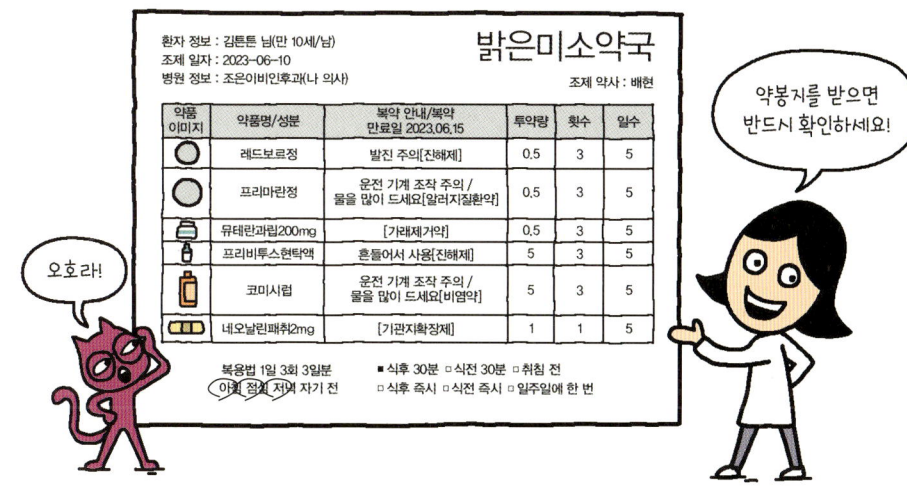

약봉지 및 처방전을 읽는 법이 있을까요?

병원에 가서 진료를 보고 처방전을 받으면 반드시 확인해야 할 것이 있어요. 바로 이름과 주민등록번호입니다. 병원에서 처방전을 줄 때 간혹 다른 사람 것과 바뀌는 경우가 있어요. 병원에서도 반드시 확인하겠지만, 받는 사람이 한 번 더 확인한다면 보다 정확하겠죠? 그리고 이름이 같더라도 주민등록번호가 다르면 처방전이 바뀐 것이니 확인해 주세요. 병원에서 처방전을 받을 땐 환자용 처방전도 꼭 받는 것이 좋습니다.

요즘 약봉지에는 많은 정보가 빠르게 출력되어 나옵니다. 일단 약봉지를 받으면 가장 먼저 이름과 나이를 확인해 주세요. 그리고 복용 방법과 복용 기간을 확인합니다.

또 약봉지에는 약 이름과 모양이 다 표시되어 있어요. 이때 환자용 처방전과 같은지 확인할 필요가 있습니다. 물론 요즘은 전산화되어 있어서 문제가 거의 없지만, 약은 안전하게 복용하는 것이 가장 중요하기 때문에 여러 번 확인하는 게 좋아요.

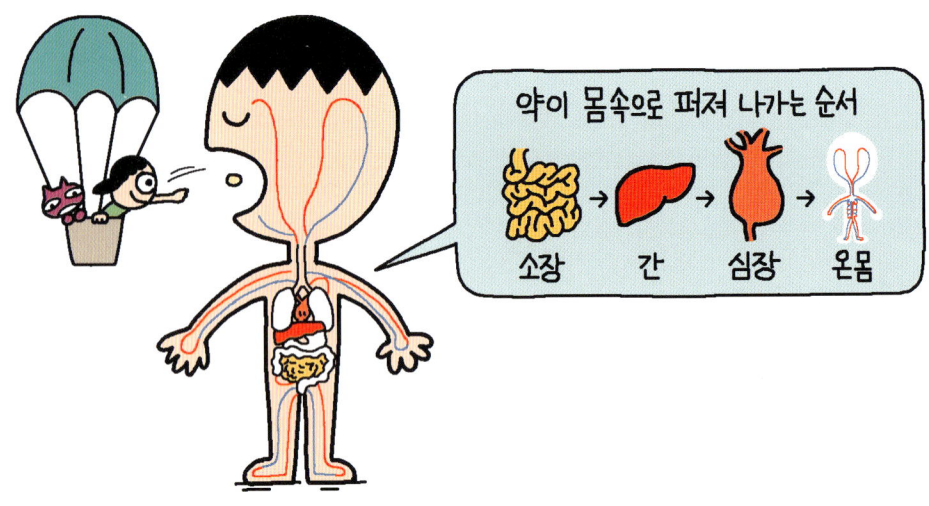

약은 어떻게 몸속으로 퍼져 나가요?

약을 투여(먹거나 주사하여 약이 몸속으로 들어가게 하는 것)하는 방법은 매우 다양합니다. 가장 흔한 것이 입을 통해 삼키는 것이죠.

삼킨 약은 위에서 녹아 소장에서 흡수되어 피를 타고 떠돌다 간으로 모입니다.

우리 몸에 어떤 물질이 들어오면 그 물질이 우리 몸에 잘 흡수될 수 있도록 쪼개거나 합치는 과정이 필요한데, 이를 '대사'라고 합니다. 약물은 간에서 처음 대사 과정을 거칩니다. 대사를 거친 약은 우리 몸에 쉽게 흡수될 수 있는 형태로 바뀌지요.

간에서 대사를 마친 약은 이제 심장으로 이동합니다. 심장은 온몸의 피가 지나가는 곳으로, 약은 심장에서 피를 타고 몸 전체로 퍼지게 됩니다. 이렇게 퍼져 나간 약물은 필요한 곳에 도달해 효과를 보입니다. 그러고 나서 다시 간으로 돌아와 분해되고 신장을 거쳐 오줌으로 빠져나갑니다.

효과가 없는 가짜 약도 있어요?

시중에 나와 있는 약 중에는 약 성분이 안 들어 있는 가짜 약도 있습니다. 놀랐죠? 가짜 약은 '위약'이라고 합니다. 한자말인데요, 위(거짓 僞), 약(약 藥)으로 구성되어 있습니다. 위약은 밀가루나 설탕으로 만듭니다. 그런데 신기하게도 병을 낫게 하는 경우가 있어요.

두통에 시달리는 환자에게 몰래 위약을 처방했습니다. 환자는 그 약이 두통을 낫게 해 주는 약이라고 믿고 먹었습니다. 놀랍게도 가짜 약으로 두통이 어느 정도 사라졌습니다. 어떻게 가짜 약으로 두통을 치료했을까요? 환자의 긍정적인 생각이 치료에 도움이 된 것입니다. 이것을 '플라시보' 효과라고 합니다. 플라시보는 '기쁘게 하다'라는 뜻의 라틴어입니다. 물론 모든 병을 이렇게 치료할 수는 없습니다. 하지만 이 약을 먹으면 병이 나을 것이라는 환자의 긍정적인 생각이 치료에 도움이 된다는 것입니다.

부작용은 왜 생기는 거예요?

약을 복용하면 원하는 효과만 나타나는 것이 아닙니다. 원치 않는 효과가 나타나기도 하는데, 이를 '부작용副作用'이라고 합니다. 여기서 '부副'는 '버금', 즉 '둘째'라는 뜻입니다. 많은 사람들이 이 '부副'를 '아닐 부不'로 알고 부작용을 '나쁜 효과'라는 뜻으로 잘못 알고 있습니다. 대부분의 부작용이 몸에 불편함을 주기 때문이기도 하죠. 하지만 기대하지 않았던 부작용으로 획기적인 치료제가 된 약도 많이 있습니다. 부작용이 무조건 나쁜 것만은 아니지요.

부작용은 인체 시스템이 복잡해서 나타나는 거예요. 콧물약 클로르페니라민(페니라민-유한)을 예로 들어 볼게요. 페니라민은 콧물을 줄여 주는 약이고, 그게 우리가 기대하는 효과지요. 하지만 콧물약을 먹으면 졸리고, 입이 마르며, 소변 누기가 불편해지는 등의 증상도 나타납니다. 이것은 부작용이죠.

부작용을 막는 가장 좋은 방법은 무엇일까요? 용법과 용량을 정확하게 지키는 것입니다. 그럼에도 불편한 증상이 생겼다면? 의사, 약사와 상의한 뒤 약을 바꿔야겠죠.

약을 자주 먹으면 효과가 떨어지나요?

자꾸 먹으면 효과가 떨어지는 것들이 있어요. 가까운 예가 카페인입니다. 카페인 음료를 처음 마시면 눈이 번쩍 떠지면서 기분도 좋아지고 심장도 벌렁거리고 피로감도 덜해질 거예요. 그런데 자꾸 먹다 보면 효과가 떨어져서 갈수록 더 많은 카페인을 복용해야 합니다. 이런 걸 바로 '내성'이라고 해요.

내성이 생기는 원인은 매우 다양한데, 약을 자주 복용하는 것만으로도 내성이 생기기 쉬우니 주의가 필요해요.

잘못 복용해서 내성이 생기는 약도 있습니다. 유해균을 죽이는 항생제가 대표적입니다. 항생제는 시간 간격을 맞추지 않고 먹거나 마음대로 먹다 말다를 반복하면 더 이상 약효가 나타나지 않게 됩니다. 완전히 제거되지 않은 균이 항생제에 대한 저항력을 갖게 되면서 효과가 떨어지거든요.

하지만 우리가 복용하는 대부분의 약은 이런 내성이 생기지 않는답니다. 특히 진통제나 감기약은 용법·용량을 정확히 지키면 내성이나 별다른 부작용이 없답니다.

왜 머리가 아파도 열이 나도 타이레놀을 먹나요?

우리가 아픔을 느끼는 것은 통증 유발 물질이 늘어나서입니다. 그런데 이 통증 유발 물질은 통증만 유발하는 게 아니라 뇌에 있는 온도 조절 장치에 작용해 체온을 높이기도 해요. 통증과 발열 모두 이 통증 유발 물질 때문에 생기는 거죠. 타이레놀 같은 진통제 성분의 약은 통증 유발 물질을 줄여 줍니다. 그래서 우리는 아픔을 덜 느끼고, 또 체온도 떨어지게 됩니다. 머리가 아픈 것과 열이 나는 원인이 같으니 타이레놀을 먹으면 두 증상 모두 완화되는 거죠.

한편 약 성분이 부위에 따라 다르게 작용하기 때문에 약 하나가 다양한 용도로 사용될 수도 있어요. 심장약으로 사용되는 약이 혈압약으로 쓰이기도 하고, 당뇨약이 비만 치료제로 쓰이기도 합니다. 또 전립선약이 탈모 치료제로 사용되기도 한답니다.

감기 걸렸을 때 항생제를 꼭 먹어야 하나요?

항생제는 세균 감염을 치료하는 약입니다. 만약 항생제가 없었다면 인류의 평균 수명은 지금보다 훨씬 짧았을 겁니다. 실제로 20세기 이전에는 세균 감염으로 죽는 사람이 상당히 많았거든요. 항생제가 개발되고 보급되면서 많은 사람들의 목숨을 구할 수 있었던 거죠.

감기는 바이러스 질환입니다. 항생제는 바이러스에는 효과가 없기 때문에 감기 초기에는 항생제를 복용할 필요가 없어요. 하지만 감기 증상이 더 심해져서 세균 감염까지 나타난다면 항생제를 꼭 복용해야 합니다. 항생제를 제때 사용하지 않으면 비염, 축농증, 중이염, 기관지염 등 더 심한 증상으로 진행될 수 있기 때문이에요. 이 판단을 해 주는 사람이 바로 '의사'예요.

앞에서도 얘기했지만, 항생제는 함부로 쓰면 문제가 발생해요. 복용할 필요가 없는데 복용하거나, 완전히 치료가 끝나지 않았는데 마음대로 복용을 중단하면 안 됩니다. 또 약을 불규칙적으로 복용하면 남아 있는 병원균에 내성이 생깁니다. 병원균은 내성에 대한 정보를 서로 나눠 갖기도 하기 때문에 매우 위험해요.

약국에서 같은 약이라고 했는데 왜 이름이 달라요?

어떤 질병이나 증상을 치료하기 위해 처음에 만들어진 약을 '오리지널'이라 부릅니다. 오리지널과 동일한 성분으로 만든 새로운 약은 '제너릭'이라고 해요.

오리지널 약을 만들기 위해서는 엄청난 연구비와 노력, 시간이 들어갑니다. 그래서 한 회사에서 시간과 비용, 노력을 들여 새 약을 개발하면 '특허 기간'을 두어 다른 회사가 같은 성분으로 약을 만들어 팔지 못하게 합니다. 약을 개발한 회사는 특허 기간 동안 독점적으로 약을 판매할 수 있기 때문에 막대한 이익을 올릴 수 있습니다.

하지만 질병 치료제는 모든 사람이 고루 혜택을 받아야 하는 공공재 성격도 가지고 있어서 무한정 독점권을 인정해 줄 수는 없어요. 때문에 특허 기간이 끝나면 동일 성분으로 약을 만들 수 있게 한답니다. 이것이 제너릭 약입니다. 성분은 같지만 이름까지 똑같으면 사용자(의사, 약사)나 소비자가 혼동할 수 있으니 제너릭 약은 각자 다른 이름으로 정해요. 이것이 어떤 약은 성분과 효능이 같은데 이름이 다른 이유예요.

약은 색이 왜 이렇게 다양해요? 의미가 있나요?

약은 알록달록 다양한 색깔을 띠고 있어 예쁩니다. 모양과 색이 무척 다양하죠.

왜냐고요? 약을 쉽게 구분하기 위해서죠. 우리나라에서 만들어지는 약은 엄청나게 많습니다. 이런 약들이 다 같은 모양, 같은 색이라면 어떨까요? 약국에서 조제(여러 가지 성분을 섞어서 약을 지음)하거나 소비자가 복용할 때도 매우 헷갈릴 거예요.

그리고 약을 보고 바로 어떤 약인지 알고 싶을 때도 있겠죠. 이런 이유로 약은 각자 개별적인 표시를 갖고 있어요. 각자 다른 고유 색깔은 가장 대표적인 개별 표시입니다.

얼마 전 아이들용 시럽에 색소가 들어 있다고 크게 문제된 적이 있습니다. 그때를 시작으로 시럽에서 색소가 빠지기 시작했어요. 그러고 나니 처방받은 시럽 약이 다 같은 색이라 어떤 게 어떤 것인지 구분이 안 되어 곤란한 상황이 벌어졌습니다. 그래서 최근에는 시럽에 천연 색소를 다시 넣는 추세랍니다. 약을 구분하기 편리해야 안전하게 복용할 수 있기 때문에 매우 중요한 문제예요.

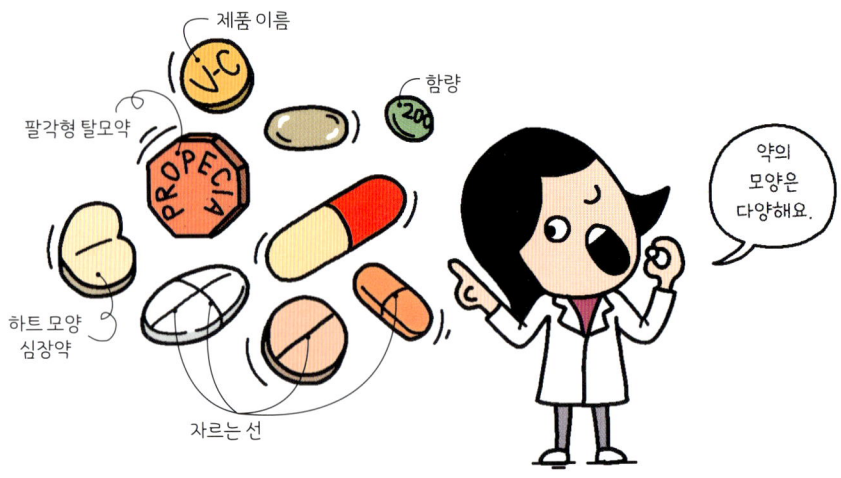

약의 다양한 모양이나 선에는 의미가 있나요?

꿀꺽 삼켜서 먹는 알약은 대부분 원형이거나 타원형입니다. 사각형이나 삼각형은 거의 없죠. 약을 삼킬 때 가장 쉽게 넘어가는 게 둥근 모양이니까요. 이처럼 약의 모양은 복용의 편리성을 가장 우선시하여 결정합니다.

간혹 알약을 잘 못 먹는다고 잘라서 조제해 달라고 요청하는 경우가 있어요. 그러면 크기는 좀 줄겠지만, 삼킬 때 날카로운 모서리에 긁히거나 잘 안 넘어가 오히려 불편할 수 있어요.

또 약이 너무 둥글면 자를 때 불편하기도 합니다. 1/2정이나 1/4정 조제가 필요할 때도 있거든요. 이런 경우 약 표면에 – 나 + 형태의 선을 미리 내 두어 자르기 편리하게 만들기도 해요.

약을 잘 살펴보면 영어나 숫자가 적혀 있기도 합니다. 대부분 회사 이니셜이나 제품 이름, 혹은 함량을 표시한 것입니다.

만약 그리 크지 않은 약이라면 꼭 둥글지 않아도 됩니다. 이럴 때는 모양을 특이하게 만들어 다른 약과 구분하기 쉽게 하기도 합니다.

전문 의약품과 일반 의약품은 뭐가 달라요?

의약품은 크게 전문 의약품과 일반 의약품으로 나뉩니다.

일반 의약품은 의사나 치과의사의 처방 없이 환자가 직접 선택해서 사용할 수 있는 의약품입니다. 표시된 용법과 용량에 맞춰 복용한다면 안전하게 사용할 수 있습니다.

반대로 전문 의약품은 의사, 치과의사의 처방 없이 함부로 복용하면 위험할 수 있는 약입니다. 그래서 전문 의약품을 처방전 없이 판매하면 약사법에 따라 강하게 처벌받습니다.

간혹 병원에서 처방전을 받아 구입한 약을 먹다가 남으면 버리지 않고 두었다가 다음에 같은 증상이 나타났을 때 마음대로 먹는 경우가 있습니다. 이는 매우 위험한 일입니다. 처방전을 받아 구입한 뒤 먹고 남은 약은 반드시 폐기해야 합니다.

비타민C도 약이에요?

비타민C는 약이기도 하고 아니기도 합니다. 무슨 말이냐고요?

만약 감기에 걸리면 얼른 나으려고 다양한 방법을 쓸 겁니다. 몸을 따뜻하게 하고, 유자나 생강 등이 들어간 차를 마신다거나 비타민C를 좀 더 챙겨 먹거나 비타민C가 많이 들어 있는 귤이나 오렌지를 먹을 수도 있죠. 이럴 때 먹는 비타민C는 약이 아닙니다. 앞에서 언급한 방법들이 감기 치료에 도움이 된다고 과학적으로 입증되지 않았기 때문입니다. 약이라고 하려면 명확하게 질병이 치료되고 증상이 줄어든다는 근거가 있어야 하거든요. 그래서 이때 먹는 비타민C는 '건강 기능 식품'이라고 합니다.

그런데 비타민C가 약이 될 때가 있어요. 바로 괴혈병의 예방과 치료에 사용하거나 임신·수유하는 시기, 많이 피로할 때, 병을 앓고 있거나 나은 직후 등 몸에서 비타민C를 더 필요로 할 때 먹는 건 약이 됩니다. 또한 비타민C가 모자라서 잇몸, 소변, 코 등에서 피가 나오는 증상에 사용하면 약이 될 수 있습니다.

약 하나에 여러 가지 이름이 있다고요?

약을 부르는 방법은 3가지가 있어요. 화학명, 국제 일반명, 그리고 상품명입니다.

타이레놀의 화학명은 'N-아세틸-p-아미노페놀'이에요. 약에 대해 가장 정확하게 알 수 있지만, 이름이 길고 어려워요.

그래서 세계 보건 기구(WHO)에서는 약 성분과 약효를 바탕으로 전 세계적으로 통일된 규격과 기준을 정했어요. 이것이 국제 일반명이에요. 타이레놀의 국제 일반명은 파라세타몰(또는 아세트아미노펜)입니다. 국제 일반명은 약 성분을 알기 편해요. 그러나 약을 만든 회사 입장에서는 다른 약과의 차별점을 내세우기 어렵다는 단점이 있습니다.

마지막으로 상품명은 약을 만드는 회사가 붙인 이름입니다. 타이레놀이 바로 상품명이죠. 상품명에는 제조 회사의 특징이 들어 있고, 부르기도 편하지만, 전문가가 아니면 약 성분을 알기 어려워요.

타이레놀과 펜잘은 상품명이 다르지만 같은 성분입니다. 상품명만 보고 다른 약이라 여겨서 연달아 먹으면 과하게 먹게 될 수 있어요. 그래서 환자의 알 권리와 안전성 등을 이유로 최근에는 국제 일반명으로 표기하자는 의견도 있어요.

약은 약국에서만 살 수 있나요?

네, 맞습니다. 약은 우리 몸을 질병으로부터 안전하게 지켜 주는 것이므로 나라에서 인증한 면허를 가진 사람만이 취급, 판매할 수 있도록 규정해 두었습니다.

약 판매는 약국에서만 가능하고, 약국을 열 수 있는 사람은 약사뿐이므로, 결국 약 판매는 약사만 할 수 있습니다.

그런데 약국이 24시간, 휴일도 없이 여는 건 아니잖아요. 이에 사람들의 불편함을 덜기 위해 일부 안전 상비 의약품을 따로 정해 약국 외의 장소에서도 판매할 수 있게 했습니다. 이것도 판매자 교육을 받은 사람이 일정 장소에서만 팔 수 있도록 규정하고 있답니다.

약을 무분별하게 유통·판매하면 사람들이 약을 오남용(잘못 사용하거나 함부로 사용함)하여 건강을 해칠 수 있으니 약을 판매하는 사람과 장소를 제한하고 있는 것입니다.

《신농본초경》

가장 처음 만들어진 약이 뭐예요?

사람들은 아주 오래전부터 주변에서 쉽게 구할 수 있는 식물이나 동물 등을 사용해서 약을 만들었어요. 기원전 3000년 전경 이집트 문서 파피루스에 연고 형태의 약이 있었다고 나와 있고, 중국 진한 시대(기원전 200년경)의 의학책인 《신농본초경》에는 동식물을 사용해 만든 약이 무려 365종이나 실려 있어요.

그럼 우리가 지금 보는 것과 같은 가루약이나 알약은 언제부터 생겼을까요? 예부터 열 나고 아플 때는 버드나무 껍질이 매우 효과가 좋다고 알려져 있었어요. 주로 끓여 먹거나 즙을 내서 먹었죠. 1820년대에 들어 버드나무 껍질 속의 살리실산 성분이 해열, 진통에 효과가 있다는 것이 알려졌어요. 그런데 이 살리실산을 먹으면 복통과 설사가 나는 부작용이 있었고 심하면 죽기까지 했답니다.

1897년 독일 바이엘사 펠릭스 호프만이 부작용을 현저하게 줄인 '아스피린' 가루약을 만들어 냈습니다. 이것이 최초의 합성 의약품이죠. 1914년, 쉽게 먹을 수 있는 알약 아스피린이 나오면서 오늘날 우리가 쉽게 볼 수 있는 약의 형태를 갖추게 되었답니다.

세계에서 가장 많이 팔린 약은 뭐예요?

역사상 가장 많이 팔린 약은 바로 해열, 항염, 진통제인 '아스피린'입니다.

앞에서 언급한 아스피린은 초창기 진통제로 명성을 날렸습니다. 하지만 위와 장을 손상시키는 치명적인 부작용이 있어 단순하게는 복통, 속 쓰림부터 심하면 위장에 피가 나거나 구멍이 생기기도 했어요. 때문에 위장에 부담이 적은 진통제들이 나오면서 아스피린의 명성은 줄어들었습니다.

그런데 아스피린이 혈관 안에서 피가 굳어 작은 덩어리처럼 되는 현상을 억제하는 효과가 있다고 밝혀지면서 심장의 혈관 질환 예방 및 치료제로 다시 명성을 꿰차게 됩니다.

참고로 2022년, 세계에서 가장 많이 팔린 약은 바로 '코로나-19 백신'입니다. 코로나-19 예방 백신은 한 사람이 많게는 4번까지 맞았으니, 정말 엄청나게 판매되었다고 볼 수 있습니다.

인공지능 로봇이 약사 대신 일할 수 있을까요?

지금도 약국은 많이 자동화되어 있습니다. 바코드 스캔만 찍으면 처방전이 빠르고 정확하게 입력됩니다. 그 뒤엔 ATC라는 기계가 스캔으로 입력된 정보에 따라 약을 조제하죠. 약봉지에는 약 사진과 효능, 주의 사항 등이 출력되어 나오고요.

아직은 많이 보급되지 않았지만 키오스크에서 환자 스스로 처방을 입력하고, 필요한 약을 선택하면 결재까지 진행되는 시스템을 갖추고 있는 약국도 있답니다.

단순 반복 업무를 모두 약사가 할 필요는 없겠죠. 컴퓨터를 이용한 자동화 시스템이 잘 작동하는지 확인하는 업무만 정확히 해도 충분할 것입니다.

대신 여기서 줄어든 시간만큼 환자를 상담하는 시간을 더욱 늘릴 필요가 있습니다. 단순히 약을 조제하는 일을 넘어 진정한 건강 상담자의 역할을 하는 것이지요. 인공지능이 아무리 발달한다 해도 인간이 해야 하는 역할을 전부 대체할 수는 없답니다.

약에도 유통 기한과 소비 기한이 따로 있나요?

약에는 유통 기한과 소비 기한 대신 '사용 기한'을 둡니다. 약 포장지에는 제조 번호와 함께 사용 기한이 표시되어 있습니다. 이 기한 안에 다 사용해야 하고 만약 기한이 지났다면 폐기해야 해요. 그런데 이 사용 기한은 처음 포장된 상태 그대로 유지하고 보관 장소와 온도를 지켰을 경우의 기한입니다.

일반적으로 대부분의 약은 실온(1~30도)에 보관합니다. 하지만 보다 안전하게 보관하려면 상온(15~25도)에 보관하는 게 좋아요. 항생제나 좌약 등 일부 약은 냉장(0~10도) 보관 해야 하고요.

만약 최초의 포장 상태에서 변화가 있었다면, 사용 기한은 완전히 달라집니다. 단순히 상자나 통을 뜯기만 했더라도 방습제 등이 빠져나오거나 햇빛에 노출될 가능성이 있거든요. 그래서 약 포장지에 적힌 그대로 지켜 보관하는 게 가장 좋아요.

시럽제나 액제, 안약, 안연고, 이용액 등은 개봉하고 나서 한 달 보관이 원칙입니다. 단, 일회용 약은 사용 즉시 폐기해야 해요. 연고제는 6개월 정도 보관할 수 있답니다.

먹다 남은 약을 쓰레기통에 버려도 될까요?

결론은 '절대 안 된다'입니다. 쓰레기는 크게 2가지 방법으로 처리되는데, 매립과 소각입니다.

매립은 사용하지 않는 땅에 쓰레기를 묻는 방법으로, 대표적인 쓰레기 처리 방법입니다. 환경 오염 문제와 매립 지역 주민들의 반발로 갈수록 줄어들고 있기는 합니다. 한편 소각은 불로 태우는 방법입니다. 쓰레기를 태워 재로 만들어 이것을 매립합니다.

정해진 방식으로 버리는 약 역시 소각해서 처리합니다. 그런데 약을 일반 쓰레기와 함께 버렸다가 그 쓰레기가 소각이 아닌 매립의 방식으로 처리된다면 약 성분이 그대로 물로 흘러 들어가거나 땅속으로 녹아 들어갑니다. 결국 이런 약 성분은 순환 과정을 거쳐 우리에게 돌아오겠죠?

더 큰 문제는 남은 약을 하수구나 변기에 버리는 것입니다. 이렇게 버려진 약은 그대로 하천으로 흘러가요. 얼마 전 상하수도에서 약 성분이 검출되었다는 보도도 있었죠. 이런 약 성분은 정수되지 않아서 고스란히 우리 입으로 들어온답니다. 약은 반드시 분리수거해 약국이나 주민센터 등 지정된 곳에 버려 주세요.

병원에서 프로포폴을 맞은 건데 왜 처벌받나요?

프로포폴은 수술이나 내시경, 피부 치료, 치과 진료 등을 받을 때 사용되는 강력한 수면마취제입니다.

하지만 일부 사람들, 특히 연예인들이 수면제로 잘못 쓰고 있습니다. 그 이유 중 하나는 극도의 스트레스 때문에 생기는 불면증에서 벗어나고 싶어서라고 합니다. 연예인들은 바쁜 스케줄로 피로가 켜켜이 쌓이고 항상 카메라가 따라다니면서 자신을 남들에게 보여 주는 위치라 불안감을 느낄 때가 많다고 해요. 이런 상황에서 벗어나고 싶어 짧은 시간을 자도 깊게 잔 것 같은 느낌이 드는 프로포폴의 유혹에 빠지기 쉬운 거죠.

그러나 이런 행동은 매우 위험합니다. 프로포폴은 강력한 마취제이고 습관성과 중독성이 있어요. 지속적으로 사용하면 신체적, 정신적 문제를 일으킬 수 있어 마약류로 지정되어 관리되고 있습니다.

프로포폴에 중독되면 약 없이 잠을 잘 이루지 못하고 약에 의존하게 되어 더욱 불안해집니다. 아무리 의사의 처방을 받아 약물을 사용했다 하더라도 약물을 습관적으로 사용했다면 '마약류 관리에 관한 법률'에 의거해 무거운 처벌을 받게 됩니다.

몸과 마음이 망가지는데도 왜 마약을 끊지 못하나요?

마약은 한번 하면 자꾸 하고 싶어지고 사용할 때마다 양을 늘리지 않으면 효과가 없어져 갈수록 양을 늘려야 하는 고약한 녀석입니다. 게다가 하다가 중단하면 온몸에 견딜 수 없는 금단 증상이 발생합니다.

도파민은 기쁜 일이 있을 때 분비되는 뇌의 신경 전달 물질입니다. 쾌락, 욕망, 동기 부여, 감정, 운동 조절 등에 영향을 미치지요. 마약을 하면 바로 이 도파민이 극도로 많이 분비됩니다. 그래서 엄청난 쾌락과 흥분을 느끼게 되지요. 하지만 딱 한 번뿐입니다. 과하게 분비된 도파민은 뇌를 비롯, 신체를 망가뜨립니다. 그래서 처음엔 쾌락을 느끼기 위해 마약을 했다가 그 후에는 약 때문에 생기는 여러 가지 신체적, 정신적 고통을 잊기 위해 또 약을 하는 상황이 반복됩니다. 악순환이죠.

결국 마약의 끝은 고통을 이겨 내지 못해 스스로를 죽음으로 몰고 가는 경우가 대부분이라고 합니다. 한번 손 대면 절대로 헤어 나올 수 없는 것이 마약이라는 점을 반드시 기억하고 절대 근처에도 가면 안 되겠습니다.

약의 형태를 제형이라고 하는데요. 사용 부위에 따라 다양한 제형의 약을 써요. 함께 알아볼까요?

2부

약의 다양한 생김새

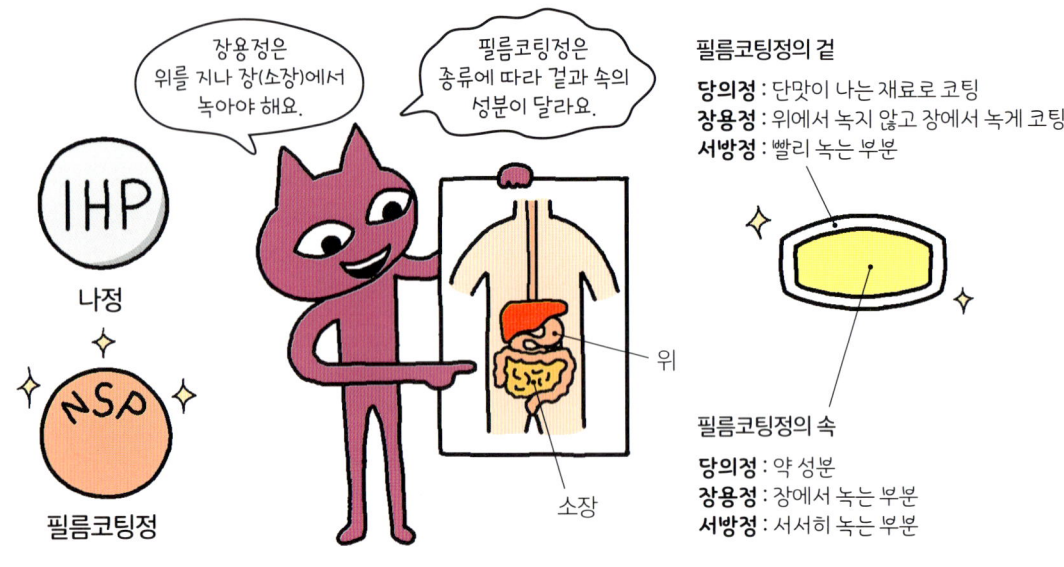

꿀꺽 입으로 삼키는 약

삼키는 약은 알약, 가루약, 물약 등 쓰임에 따라 다양한 형태가 있습니다. 한번 살펴볼까요?

가루약을 뭉쳐서 만든 정제

정제는 원래 가루나 결정으로 되어 있는 것을 일정한 형태로 만든 약입니다. 정제를 흔히 '알약'이라고 하는데 동그란 사탕 같은 모양도 있지만 원판, 타원 등 다양한 형태로 만듭니다. 이렇게 약 성분을 적당한 크기로 뭉쳐서 모양을 잡고 색을 넣어 주면 오랫동안 안전하게 보관할 수 있어 많은 약이 정제로 되어 있어요.

혹시 알약을 먹고 쓴맛을 느낀 적이 있나요? 그건 정제에 코팅이 되어 있지 않기 때문입니다. 이런 약을 '나정'이라고 부릅니다. 점막에 자극적이지 않거나 빨리 녹아야 할 때, 맛이 그다지 나쁘지 않다면 특별한 코팅 없이 정제를 만들어요.

그렇지 않은 경우에는 정제에 코팅을 하기도 합니다. 코팅 종류에 따라 필름코팅정과 당의정으로 나눌 수 있습니다. 당의정은 정로환이 대표적인데요. 정로환은 매우 고약한 냄새와 맛이 나서 당으로 코팅해 그 맛과

구강붕해정   발포정

냄새를 가렸답니다.

　필름코팅정은 코팅에 따라 위에서 쉽게 녹는 것과 위에서는 안 녹다가 소장에 가서 녹는 것(장용정), 천천히 녹는 것(서방정) 등 다양한 종류로 나눌 수 있어요. 장용정과 서방정처럼 특별하게 코팅된 정제는 절대 자르거나 부숴서 먹으면 안 된답니다. 서방정은 천천히 녹아야 하는데 부숴 먹으면 빨리 녹아 버려 약효를 제대로 발휘하기 어렵습니다. 장용정도 부숴 먹으면 위에서 녹아 버려 원하는 약 성분을 장까지 가져가기 어렵습니다.

　알약을 못 먹거나 흡수가 더 잘 되게 하기 위해 입안에서 녹여 먹는 정제를 구강붕해정이라고 합니다. 또 잘 녹지 않는 약이거나 약이 커서 삼키기 어려운 경우 츄어블정을 먹습니다. 츄어블정은 입속에서 씹어서 먹는 약입니다. 부숴서 먹어도 되지만 그냥 먹으면 약이 잘 녹지 않아 효과가 떨어질 수 있습니다.

　몸에 들어간 정제는 일정한 시간이 지나야 녹습니다. 그런데 약 성분이 빠르게 몸으로 퍼지게 해야 할 때도 있죠. 그럴 때는 물에 녹여 먹는 정제인 발포정을 씁니다. 발포정은 물에 넣으면 기포를 발생시키며 순식간에 녹습니다.

캡슐 안에 약을 담은 캡슐제

쓴 약을 가루로 먹는다면 매우 힘들겠죠? 약을 안전하게 보관하고 먹기 편하게 캡슐 안에 넣어 만든 것을 캡슐제라고 해요. 캡슐은 경질 캡슐과 연질 캡슐로 나눌 수 있는데, 경질 캡슐에는 가루나 과립 형태의 약이 들어가고 연질 캡슐에는 액체 형태의 약이 들어갑니다.

입자 크기에 따라 산제·세립제·과립제

산제는 약을 빠르게 흡수시켜야 하거나 알약을 잘 삼키지 못하는 사람들에게 적합한 제형입니다. 밀가루처럼 고운 가루로 되어 있습니다. 우리가 흔히 '가루약'이라고 부르는 것이지요. 산제보다 입자가 큰 것은 세립제, 세립제보다 큰 입자는 과립제라고 부릅니다.

물처럼 마시는 액제

까스활명수나 속청, 판피린, 판콜 등으로 대표되는 액제는 편리하게 복용하고 신속한 효과를 내도록 만들어진, 우리가 흔히 말하는 '물약'입니다. 대부분 액제는 유리병이나 비닐 팩 등 용기에 보관되어 있어요.

액제·시럽제　　　엑스제　　　환제

쓰지 않고 달달한 시럽제

시럽제는 당류를 물에 녹여 감미제(약의 맛이 너무 쓸 때 넣는 단맛의 약)나 색소를 섞어 만든 끈적한 액상 제제입니다. 부루펜, 챔프, 백초 등 주로 알약을 못 먹는 유·소아들에게 적합하죠. 시럽제는 잘 흔들어 복용하는 것이 좋습니다. 또 치아에 오랫동안 묻어 있으면 좋지 않으니 입안에 오래 머물지 않게 합니다.

진하게 뽑아낸 엑스제

엑스제는 인삼, 감초, 당귀와 같은 생약을 추출해 농축시켜 만든 제제입니다. 대표적으로 쌍화탕, 갈근탕, 공진단, 경옥고와 같은 한약 제제나 생약 제제들이 많습니다.

둥글게 뭉쳐 놓은 환제

약을 둥글게 뭉쳐 만든 제제입니다. 우황청심원이나 정로환, 공진단, 천왕보심단같이 한약, 생약(약의 재료가 되는 식물, 동물, 광물을 별다른 가공 없이 그대로 사용하는 약) 제제가 대부분인데, 보관을 쉽게 하거나 약효가 천천히 오랫동안 유지되게 하려고 만듭니다.

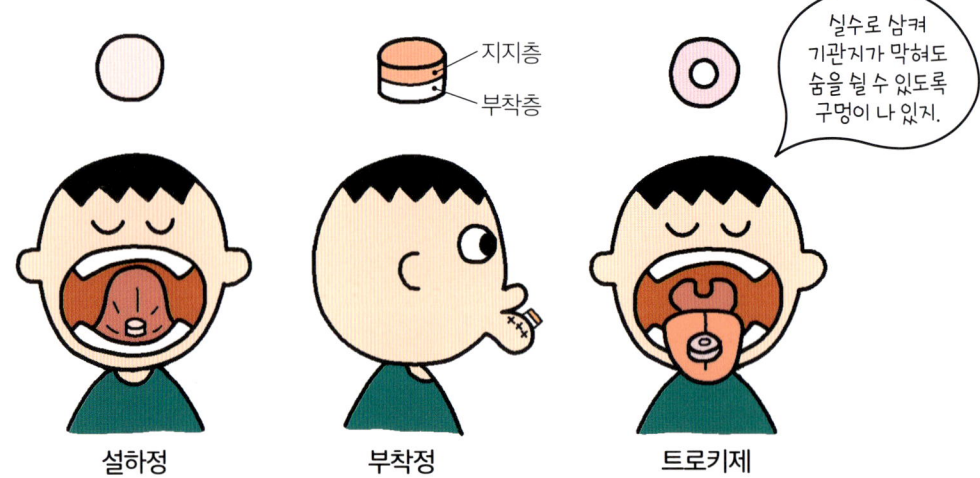

입에서 녹여 먹는 약

꿀꺽 삼키는 것만 약이라고 생각할 수 있지만, 의외로 입안에 넣고 녹여 먹는 제제들도 많아요.

혀 아래에서 녹이는 설하정

약이 몸에 흡수되려면 복잡한 과정을 거치고 시간도 꽤 걸립니다(16쪽 참고). 그런데 병에 따라서는 매우 빠르게 약을 흡수해야 하는 경우가 있어요. 이럴 때는 혀 아래 점막을 통해 약을 빠르게 흡수시키는 설하정을 사용합니다.

아픈 부위에 딱 붙이는 부착정

입안에 염증이나 상처가 나면 음식이 닿기만 해도 아파요. 이럴 때는 염증 부위에 직접 붙이는 부착정을 사용합니다. 이렇게 붙여 놓으면 약물이 지속적으로 스며들어 염증과 통증을 줄일 수 있습니다.

사탕처럼 천천히 녹이는 트로키제

입안에서 천천히 녹이면서 복용하는 약입니다. 주로 입이나 목구멍 염증, 통증을 낫게 하고 세균이나 바이러스 등을 살균시키기 위해 사용합니다. 목이 아프거나 기침이 날 때 쓰는 목감기 제품이 많습니다.

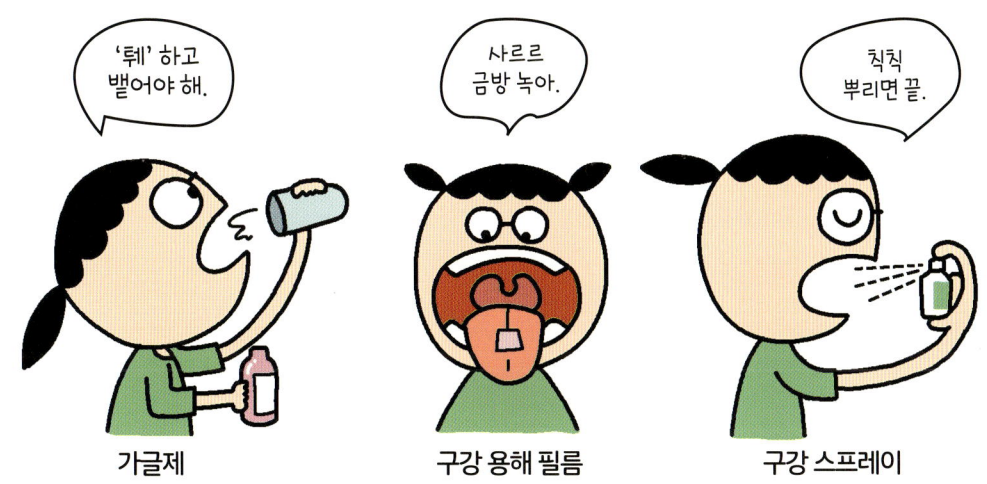

입안에 사용하는 약

입안은 상처가 생기거나 병원균에 감염되기 쉬워요. 이처럼 작은 부위에 생기는 증상에는 입안의 상처에 직접 작용하는 약을 써요.

입에서 보글보글 가글제

주로 입안을 소독하거나 염증을 완화하고 통증을 없애는 용도로 사용하는 제형입니다. 복용하는 제제가 아니기 때문에 30초 정도 사용 후 뱉어야 합니다. 가글을 하고 난 뒤 물로 헹구는 제제와 그렇지 않은 제제가 있으니 사용 전 약사에게 반드시 확인하세요.

필름처럼 생긴 구강 용해 필름

필름 모양의 약을 혀나 입안에서 녹여 복용하는 제형으로 복용과 휴대가 편리하고 약효가 빨리 나타납니다. 알약을 삼키기 어려운 유·소아와 노인에게 두루 사용됩니다.

입안에 칙칙 뿌리는 구강 스프레이

입안에 뿌려서 소독하거나 염증을 완화시키는 약입니다.

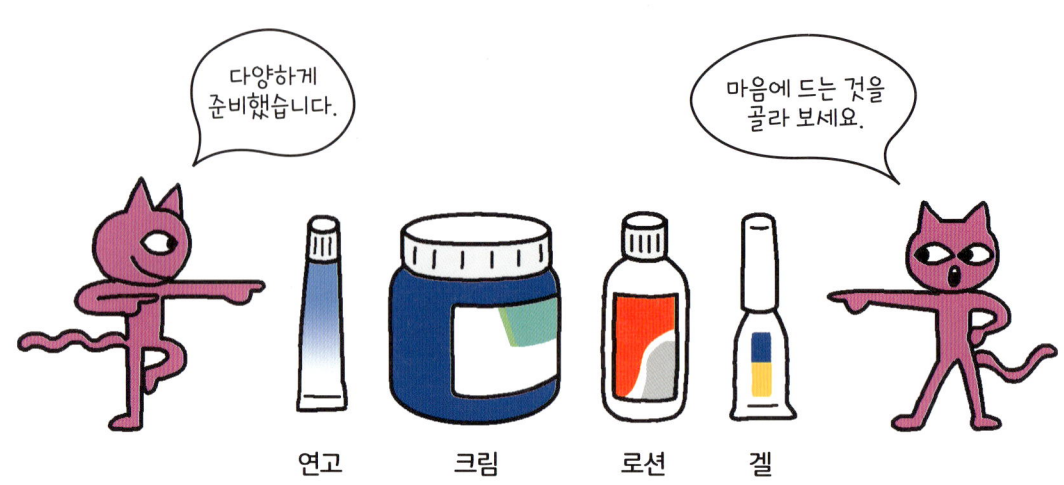

피부에 뿌리고 바르는 약

먹지 않고 피부에 바르는 약을 외용제라고 합니다. 외용제는 형태에 따라 연고, 크림, 로션, 겔로 나뉘어요. 그 외에 산제, 스프레이제, 첩부제도 있습니다.

끈적한 느낌의 연고제

끈적하게 달라붙지만 가장 빠르게 스며드는 외용제입니다. 손, 발바닥과 같이 두꺼운 피부나 각질이 두껍게 생긴 경우 사용해요.

진물이 나도 사용 가능한 크림제

기름과 물을 적당히 섞어 만든 외용제입니다. 끈적이지 않고 잘 씻기며 진물이 나는 부위에도 사용할 수 있어요.

손발톱과 두피 등에 바르는 로션제

주로 손발톱, 두피 등 특수한 부위에 바르거나 아주 넓은 부위에 바를 수 있도록 만들어진 제형이에요. 흡수도 잘 되고 바른 후 피부가 미끈거리지 않아 마사지할 때에도 많이 사용됩니다.

시원한 느낌의 겔제

바르고 나면 빠르게 말라서 상쾌한 느낌이 좋은 외용제예요. 색이 투명해서 연고나 크림, 로션처럼 바르고 나면 하얗게 변하는 현상도 없어요.

가루로 된 산제

가루로 된 제제입니다. 어느 때 가루를 뿌릴까요? 상처, 화상, 무좀 등에 사용합니다. 아기들 기저귀 발진이나 땀띠에 사용하는 분말이 가장 대표적입니다.

빠른 효과를 볼 수 있는 스프레이제

운동 선수가 경기 중에 넘어지거나 부딪히면 구급 요원이 다친 부위에 스프레이를 막 뿌리는 것을 본 적 있죠? 이 스프레이 안에는 통증을 줄여 주는 성분이 들어 있답니다. 스프레이제는 넓은 부위에 빠르게 사용할 수 있도록 만들어진 제제입니다.

피부에 착 붙는 첩부제

첩부제는 피부에 붙일 수 있는 형태입니다. 접착제와 약물이 함께 발라져 있어 사용이 간편합니다. 약물이 흡수되는 속도를 조절하기 쉬우며 오랫동안 약효를 지속시킵니다.

점안제

안연고제

점이액

눈, 코, 귀에 사용하는 약

눈과 코, 귀에 사용하는
외용제는 정확한 방법으로 사용하지 않으면
제대로 효과가 나지 않을 수 있어요.
어떤 종류가 있고
어떻게 사용하는지 같이 알아볼게요.

눈에 넣는 점안제

눈에 사용하는 액제입니다. 우리가 흔히 '안약'이라고 하는 거죠. 점안제는 몇 방울 넣어야 할까요? 안약은 한 방울에 0.05밀리리터가 나옵니다. 눈에 들어갈 수 있는 눈물 양이 평균 0.03밀리미터이므로 안약을 한 방울 사용하면 0.02밀리미터가 밖으로 흘러나와요. 안약을 사용하기 전에는 반드시 손을 깨끗하게 씻어야 해요.

눈에 바르는 안연고제

눈 주위나 눈 안에 약물이 오랫동안 머물 수 있도록 연고 형태로 만든 제제입니다. 사용 전에 손을 씻고 상처 부위에 연고를 발라 주면 됩니다. 단, 눈 안에 넣을 때는 눈동자에 직접 넣기보다는 아래 눈꺼풀에 연고를 넣은 뒤 눈을 감았다 뜨면서 자연스럽게 눈 안으로 들어갈 수 있도록 하는 것이 좋습니다.

비강분무액

좌약

귀에 넣는 점이액

귀에 넣는 약입니다. 귀 벽을 따라서 여러 방울이 충분히 들어갈 수 있도록 하며 5분 이상 넣을 때 자세 그대로 가만히 있는 게 좋습니다. 바로 움직이면 약효가 나기 전에 흘러나올 수 있거든요.

콧속에 뿌리는 비강분무액

비강분무액은 분사기 안에 약물이 들어 있어 비강에 잘 뿌려질 수 있도록 만든 제제입니다. 콧물, 코막힘 증상을 완화시키거나, 염증을 없애고, 씻거나 수분을 공급하는 목적으로 주로 사용됩니다.

항문에 사용하는 약

항문에 직접 넣는 좌약은 주로 치질이나 변비가 있을 때 사용합니다. 해열제를 먹지 못하는 아이들에게 쓰는 좌약 형태의 해열제도 있습니다.

똥꼬에 넣는 좌약

좌약은 손으로 만지면 안 돼요. 녹을 수 있거든요. 사용할 때는 총알처럼 생긴 좌약 윗부분을 바나나 껍질 벗기듯 깐 뒤 껍질이 남아 있는 아랫부분을 잡고 항문으로 넣어 줍니다.

흡입 에어로졸제   흡입 액제

기관지나 폐로 들이마시는 약

기침이나 가래, 천식 등의 증상에는 기관지나 폐에 직접 들이마시는 약을 쓰기도 해요. 효과도 빠르고 부작용이 적기도 하거든요.

기관지나 폐까지 직접 도달하는 흡입제

흡입제는 입으로 숨을 들이쉬면서 약물을 기관지나 폐까지 흡입할 수 있도록 구성되어 있습니다. 분사 기구에 들어 있는 약물 형태에 따라 흡입 분말제(가루 형태의 약을 흡입)와 흡입 에어로졸제(일정한 양의 약물을 분사하여 흡입)로 나누어지며, 네뷸라이저(연무기)를 이용해 들이마시는 '흡입 액제'가 있습니다.

흡입 분말제나 흡입 에어로졸제를 사용하기 전에는 충분히 숨을 내쉬고 사용할 때 깊게 숨을 들이마십니다. 네뷸라이저를 이용하는 흡입 액제는 기계와 연결된 마스크에서 가습기처럼 작은 물방울 형태의 약물이 나옵니다.

8

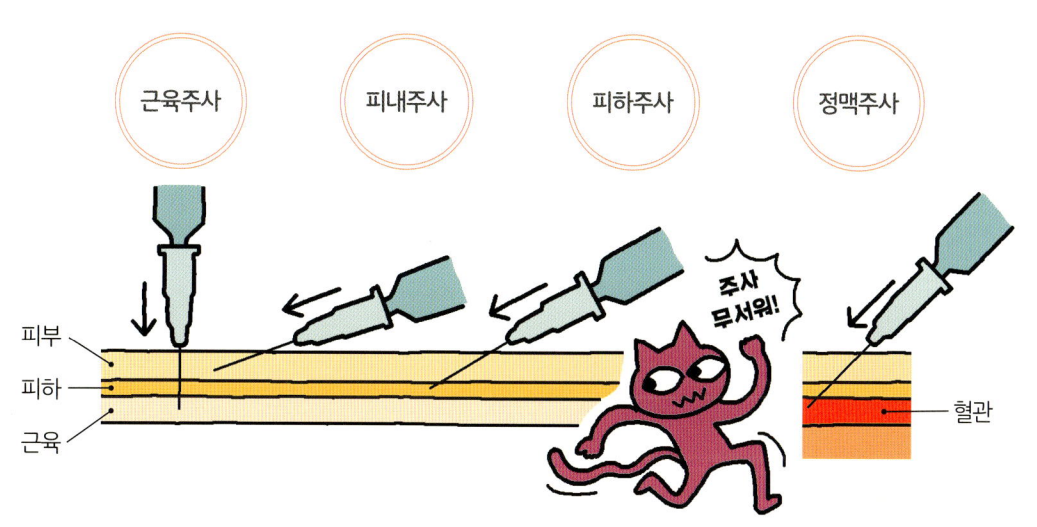

몸속으로 바로 넣어 효과 빠른 주사

주사를 한 번도 안 맞아 본 친구는 없을 테죠. 아기 때부터 예방주사를 맞으니까요. 주사 맞는 건 아프고 두렵지만, 주사는 몸속에 약물을 바로 넣어 빠른 효과를 볼 수 있기 때문에 꼭 필요한 때가 있답니다.

장에서 소화가 되기도 하고, 소화기관에서 흡수가 되었다고 해도 간에서 대사를 받아서 약효가 떨어지는 경우들이 많은데요. 직접 주사를 놓는다면 이런 작용으로 약효가 떨어지는 것을 막을 수 있지요. 하지만 주사제는 체내에 직접 약을 주입하기 때문에 완전히 균을 제거해야 하고 주사를 놓을 때 아프며, 숙련된 사람만이 사용할 수 있다는 단점이 있어요.

숙련된 사람만 사용할 수 있는 주사

주사제는 혈관이나 피부, 근육에 직접 약물을 넣는 제형입니다. 우리가 약을 먹으면 위

 3부

이럴 땐
이런 약을 먹어요

해열 진통제, 열나고 으슬으슬 아플 때 먹어요

앞에서도 이야기했지만 **해열제**와 **진통제**는 **똑같은 약**이랍니다.
진통제의 조상은 **버드나무 껍질**이고요.
아스피린(aspirin)이라는 **이름**도 주성분인 아세틸살리실산에서 'a',
버드나무 학명인 스피라이아에서 'spir'를 합쳐서
만들어진 거죠.

앞에서도 한번 얘기한 적 있는데, 기억하나요? 유럽 사람들은 두통이나 몸살, 발열 등이 생기면 버드나무 껍질을 달여서 먹었대요. 과학자들이 여기에 어떤 성분이 증상을 완화시키는지 실험을 반복하던 중 '살리실산'이 그 효과를 낸다는 걸 알아냈어요. 그리고 살리실산에는 부작용이 있어서 부작용을 줄인 아세틸살리실산으로 약을 만든 것이죠. 그럼 아스피린은 어떻게 진통과 해열 효과를 낼까요? 1부에서 타이레놀을 소개할 때 잠깐 얘기했지만, 우리 몸에서 통증을 느끼게 하는 물질을 만들어 내지 못하도록 해서 아픔을 덜 느끼게 해 줘요. 그런데 재밌는 것은 이 통증 유발 물질을 막으면 염증 반응이 일어나는 것도 막을 수 있다는 거예요. 이렇게 통증과 염증을 동시에 없애 주는 약을 NSAIDs(비스테로이드성 항염제)라고 불러요.

그런데 모든 약에는 부작용, 즉 두 번째 작용이 있다고 했죠? NSAIDs

에도 단점이 있었으니, 그것은 위장과 신장에 안 좋다는 겁니다. 잠깐 먹을 땐 괜찮은데 오랫동안 복용하면 위장과 창자에서 피가 나기도 하거든요. 그래서 만들어진 약이 바로 아세트아미노펜이에요. '타이레놀'로 유명한 이 성분은 아스피린보다 한참 후에 나왔지만 위장관(입에서부터 식도, 소장, 대장까지 음식물을 소화, 흡수하고 항문을 통해 노폐물을 배설하기까지 중요한 역할을 하는 기관들) 부작용이 없기 때문에 매우 많이 사용되고 있어요. 많은 과학자들이 지금도 보다 효과적이고 부작용이 덜한 진통제를 열심히 개발하고 있으니, 앞으로 더 좋은 진통제가 나올 거예요.

콧물약, 줄줄 흐르던 콧물이 뚝!

**감기에 걸리면 어떤 증상이 생기나요?
몸살 기운에, 열나고, 콧물, 기침 등이 나죠.
하지만 콧물, 기침은 감기 외에
알레르기 증상 등에 의해 생기기도 한답니다.**

바이러스나 세균, 꽃가루 같은 이물질이 눈, 코, 목의 점막을 통해 침입하면 우리 몸은 알레르기 반응을 일으킵니다. 알레르기란 우리 몸을 직접적으로 해치지는 않지만 외부에서 침입한 이물질에 우리 몸이 반응하는 것입니다. 예를 들어 꽃가루 같은 이물질이 침입하면 우리 몸에서는 히스타민이라는 물질이 나옵니다. 히스타민이 나오면 기침, 콧물, 가려움 증상을 겪게 됩니다. 몸속으로 들어온 이물질을 기침, 콧물 등과 함께 몸 밖으로 배출하기 위해서이지요. 하지만 이런 반응이 과도해지면 코 점막이 부어서 코가 막히고 콧물이 심하게 나며 가려움, 재채기, 통증 등으로 인해 괴로워지는 것이죠.

이때 먹는 콧물약은 우리 몸에서 히스타민 물질이 나오지 못하게 막는 역할을 합니다. 히스타민 물질이 나오지 않으면 기침, 콧물, 가려움 증상이 생기지 않기 때문입니다. 콧물약이 작용하면 막힌 코가 뻥 뚫리고

콧물과 가려움 등이 멎지만 시간이 지나서 약효가 떨어지면 다시 증상이 나타나요. 콧물약은 증상을 덜하게 할 뿐이지, 원인을 없애지는 못하기 때문입니다. 원인이 완전히 제거될 때까지 일정 시간 간격으로 사용해야 해요. 콧물약을 한꺼번에 너무 많이 먹으면 입이 마르고 변비에 걸리거나 소변이 잘 안 나올 수 있어요. 또 잠이 안 온다거나 너무 졸려서 일상생활하기가 힘들 수도 있답니다. 최근에는 이런 부작용이 적은 콧물약이 나오고 있기도 합니다.

기침약,
이제 '에취'는 그만!

기침은 호흡기로 들어온 **나쁜 물질을 제거**하기 위한 **반응**이에요. 음식을 먹다가 **사례**들려서 기침을 엄청 해 본 적 있죠? 이건 **음식물이 기도**로 넘어가는 걸 **막기** 위함이랍니다.

"에취! 에취! 에취!"

"콜록! 콜록! 콜록!"

하루종일 기침이 멎지 않아요. 계속 기침을 하다 보니 온몸의 기운이 다 빠져나가는 것 같죠. 그렇지만 기침을 못 하면 호흡기로 들어온 나쁜 물질을 밖으로 내보낼 수 없어요. 그래서 기침을 하는 게 무조건 나쁘지는 않아요. 하지만 너무 과도한 기침은 문제겠죠?

목이 간질간질하면서 자꾸 기침이 나는 것을 '기침 반사'라고 하는데, 이런 반응을 멎게 만드는 약을 '진해제'라고 합니다. 한자말인데요, 풀어 쓰면 어려운 말이 아닙니다. 진(억누를 鎭), 해(기침 咳), 제(약 劑)로 구성되어 있습니다. 그러니까 '기침을 억누르는 약'이라는 뜻입니다. 진해제는 기침이 나오게 하는 신경을 무디게 해서 기침을 멈추게 하는 약입니다.

"콜록! 콜록! 카악! 카악! 카악!"

목 속에 가래가 들러붙어 나오지 않아요. 계속 이런 소리를 내면 주변 사람들에게도 미안해집니다. 여러 이유로 기관지에 가래가 생겨 배출되지 않으면 가래를 뱉어 내기 위해 기침을 심하게 합니다. 이럴 때는 '거담제'라는 약을 씁니다. 거(떨어낼 祛), 담(가래 痰), 제(약 劑)로 구성된 한자말입니다. '가래를 떨쳐 내는 약'이라는 뜻입니다. 거담제는 가래를 녹여 쉽게 배출할 수 있게 해 주는 약입니다.

항생제,
인류의 역사를 바꾼 약

상처를 통해 혹은 목구멍으로 세균이나 바이러스가 들어와 번식하게 되면 여러 가지 질병이 생겨요. 이러한 질병을 '감염증'이라고 해요. 이 가운데 세균 감염을 치료하는 약이 항생제입니다.

균이라고 다 나쁜 것은 아니에요. 유산균처럼 몸에 좋은 균들도 있거든요. 우리 몸에는 많은 세균과 바이러스, 곰팡이균, 기생충 들이 공존하고 있습니다. 단, 이런 미생물들은 소화관이나 피부에만 있어야지 혈액이나 조직 안으로 들어오면 안 돼요.

감염증을 치료하는 항생제는 인류 역사를 바꾼 약 가운데 하나입니다. 최초의 항생제는 스코틀랜드의 생물학자 알렉산더 플레밍이 세균 실험을 하다가 우연히 발견했습니다. 이때 만들어진 최초의 항생제는 '페니실린'입니다. 페니실린은 인류의 역사를 크게 바꾸어 놓았습니다. 세균이나 박테리아 감염에 속절없이 죽어 가던 수많은 사람들을 살려냈거든요. 이 공을 인정받아 알렉산더 플레밍은 1945년 노벨상을 받았습니다.

항생제를 복용할 때 중요한 것은 정해진 양을 일정 시간 간격으로 먹는 것입니다. 항생제를 먹다가 아픈 증상이 사라졌다고 마음대로 약을 끊어

버리면 완전히 없어지지 않은 세균들이 다시 활동할 수 있거든요. 그러면 금방 다시 증상이 나타나거나 더 악화될 수도 있어요.

  항생제를 꼭 쓰지 않아도 되는 때에 과하게 자주 쓰는 것도 문제입니다. 세균이 항생제에 저항력을 갖게 돼서 더 이상 항생제가 효과를 발휘할 수 없거든요. 이를 '내성'이라고 해요. 그러니 항생제는 꼭 필요한 경우 의사의 처방에 따라 복용하는 것이 무엇보다 중요해요.

5

항바이러스제,
눈으로 볼 수 없는 바이러스와 싸워요

전 세계에서 코로나 바이러스에 감염된 사람은 약 6억 8천만명이 넘습니다. **우리나라**에서 코로나 바이러스에 감염된 사람은 약 **3천 3백만명** 정도입니다(2023년 7월 기준). 수많은 사람들이 코로나 바이러스에 감염돼 고통을 받았고, 심지어 목숨을 잃기도 했습니다.

우리 모두 2019년 말부터 발생한 '코로나-19' 바이러스 때문에 너무나 힘든 시간을 보냈습니다. 코로나-19라는 이름을 가진 바이러스가 우리를 괴롭힌 겁니다.

바이러스는 혼자 증식할 수 없고 스스로 에너지를 만들지 못해요. 그래서 생물이라고 하지 않아요. 바이러스는 반드시 다른 생물의 세포에 침입해야 살아갈 수 있거든요. 스스로 수를 늘릴 수 없고 다른 생물의 세포에 들어가야만 살 수 있다고 바이러스가 보잘 것 없어 보이나요? 천만에요. 코로나-19 바이러스로 수많은 사람이 목숨을 잃었던 것처럼 바이러스는 강한 독성을 가지고 있습니다.

그럼 바이러스의 크기는 얼마나 될까요? 보통 세균의 1/1000 크기로 알려져 있습니다. 바이러스 중에서 가장 크다고 알려진 천연두 바이러스 5000개를 한 줄로 세워도 그 길이가 1밀리미터밖에 되지 않습니다. 바

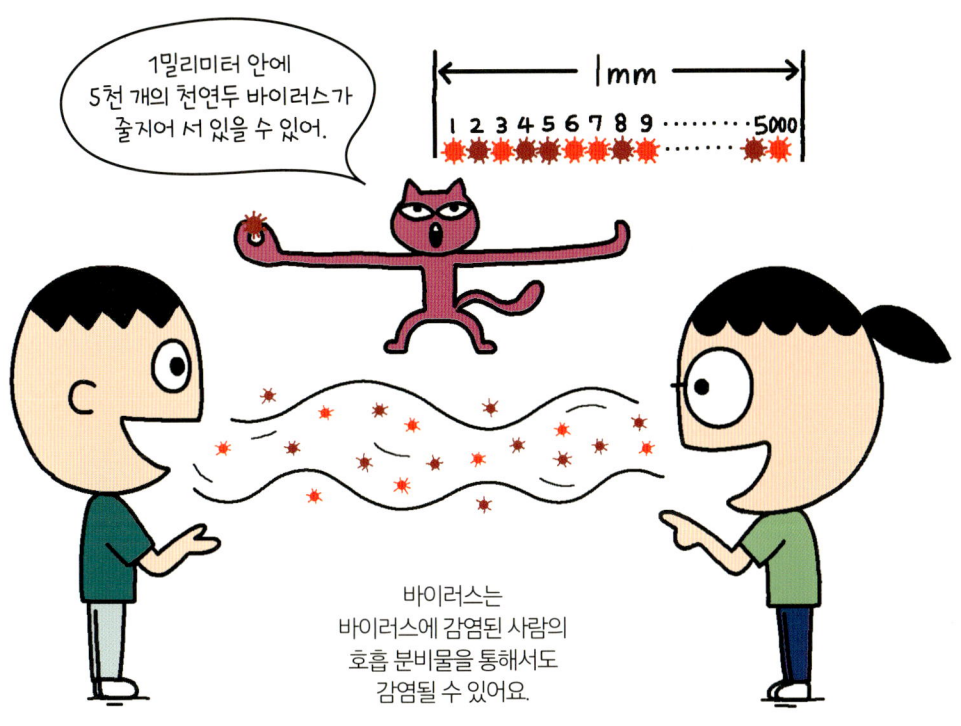

이러스 크기가 얼마나 작은지 실감이 나지요?

항바이러스제는 우리 몸에 들어온 바이러스를 약화시키거나 없애는 약입니다. 다양한 항바이러스제들이 개발되어 있지만 바이러스는 변이가 쉽게 일어나고 내성이 잘 생기기 때문에 치료가 쉽지 않습니다. 그래서 바이러스에 감염되지 않도록 차단하는 게 가장 중요합니다.

6

소화제,
답답한 속을 시원하게

위장관은 입에서부터 식도, 소장, 대장까지 음식물을
소화, 흡수하고 항문을 통해 노폐물을 **배설**하기까지 중요한
역할을 하는 기관들입니다. 그러니 위장관에 문제가 생기면
토하거나 배가 아프고 설사를 할 수도 있으며,
변비가 생길 수도 있습니다.

"너무 많이 먹었나 봐요. 속이 답답해요."

"토할 것 같은 느낌이에요."

"자꾸 트림이 나오고 속이 쓰려요."

"저는 배도 아파요!"

여기서 말하는 불편한 증상들은 모두 소화가 잘 안 돼서 생기는 겁니다. 이럴 때 먹는 약이 있습니다. 바로 소화제입니다. 어느 집이나 소화제 정도는 늘 준비해 두고 있을 거예요. 음식 먹을 때 꼭꼭 씹어 천천히 먹으라는 말 많이 들어 보았죠? 이것은 입안에서 음식을 잘게 부수며 침으로 음식 속에 있는 균들을 없애고 조금 먼저 소화시키기 위해서랍니다. 이렇게 음식을 잘 씹어 놓으면 다른 소화 기관의 부담을 덜 수 있거든요. 본격적인 소화는 위와 소장에서 이뤄지는데 위장관이 잘 움직이고 다양한 소화 효소(소화를 돕는 물질)를 분비해야 먹은 음식이 완전히 분해되고 소

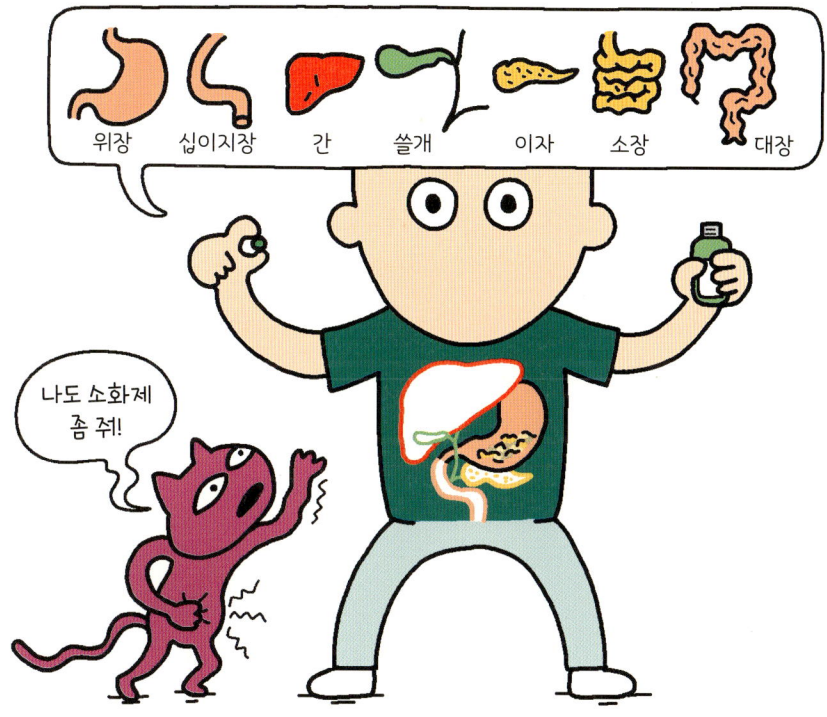

화관을 통해 잘 흡수될 수 있습니다. 여러 가지 이유로 먹은 음식물이 잘 분해되지 않고 위장관에 머물고 있는 것을 '소화 불량'이라고 해요. 이럴 때 우리는 속이 답답하다거나 배가 아프다고 느끼며 소화제를 먹습니다.

제산제, 쓰리고 답답하고 울렁거리는 속을 다스려요

신경 쓸 일이 많아 **스트레스**를 받았거나
과식을 했을 때, 아주 **매운 음식**을 먹고 **속이 쓰리는** 경우가
있습니다. 이건 **위산**이 많이 **분비**돼서
위 점막을 **자극**하기 때문에 일어나는 현상입니다.

'위산(위액이라고도 한다)'이란 무엇일까요? 우리가 음식물을 먹으면 입에서 위로 이동합니다. 그러면 위에서는 강한 산성 물질인 위산이 분비됩니다. 음식을 분해해서 소화를 돕기 위해서입니다. 또한 음식물과 함께 먹은 미생물을 죽이는 역할도 합니다. 이렇게 우리 몸에 꼭 필요한 위산은 강한 산성이라 위가 망가지지 않게 위 점막에서 끊임없이 보호 물질을 만들어 냅니다.

그런데 어떤 이유로 보호 물질이 잘 나오지 않는 경우가 있습니다. 또 보호 물질이 감당할 수 없을 만큼 많은 양의 위산이 나올 때도 있습니다. 위산이 많아지면 위장 점막이 강하게 자극받습니다. 그러면 속 쓰림과 답답함, 복통, 울렁거림 등이 나타날 수 있고요. 이럴 때 위산을 줄여주는 약이 '제산제'입니다. 제산제도 한자말입니다. 제(절제할 制), 산(위액 酸), 제(약 劑)로 구성되어 있습니다. '위액 즉 위산으로 위가 망가지지 않

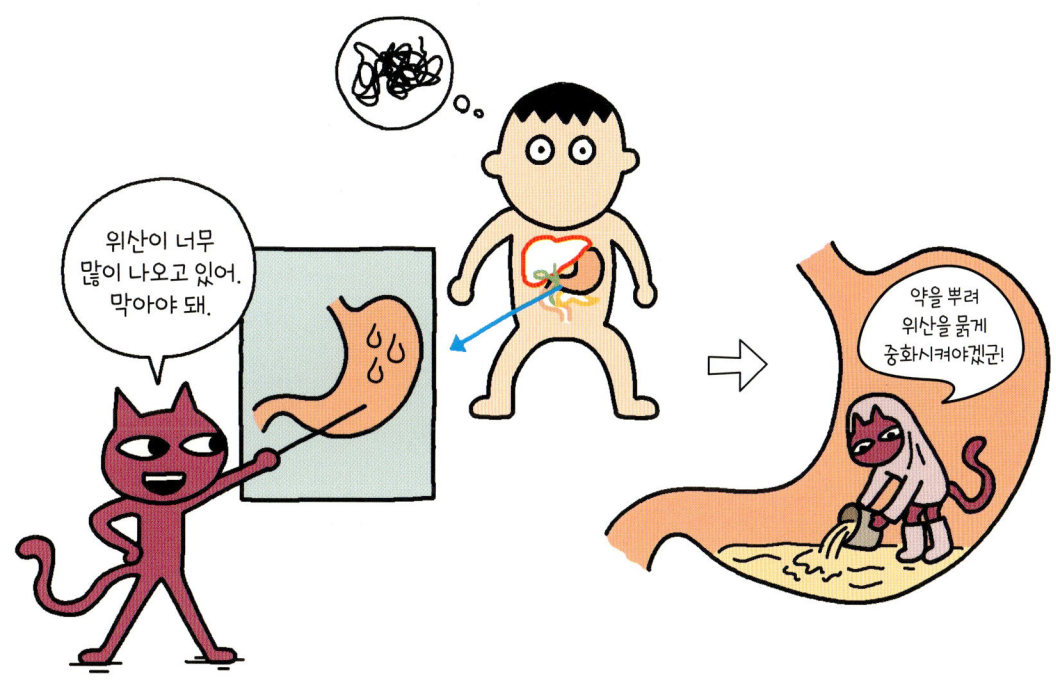

게 조절해 주는 약'이라는 뜻입니다.

    제산제는 위산이 나오지 않도록 막는 약과 이미 나온 위산을 제거하는 약으로 나눌 수 있습니다. 위산이 나오지 않도록 막는 약은 환자의 상태에 따라 얼마만큼 막아야 할지 결정해야 하므로 의사의 처방에 따라 복용하는 경우가 많습니다. 꾸준히 복용해야 완전히 치료되니 꼭 의사와 약사의 지시에 따라 주세요.

진경제,
아이고 배야! 배 아플 때 먹는 약

배가 아플 때는 어떤 약을 먹나요?
아플 때 복용하는 약이 진통제니까 배 아플 때도
무조건 진통제를
먹어야 한다고 생각하는 건 아니겠죠?

"아이고, 아야. 엄마, 나 배 아파요."

"배가 아프다고? 속이 답답하거나 쓰라리니?"

"배를 누가 쥐어짜듯이 아파요. 쿡쿡 찌르는 것 같기도 하고요."

배의 이런 통증은 왜 생기는 걸까요? 배가 아픈 데는 여러 가지 이유가 있는데 쥐어짜거나 쿡쿡 찌르듯이 아픈 건 보통 위장관 근육이 경련을 일으켜서일 가능성이 높습니다. 앞에서 위장관은 근육으로 이뤄져 있다고 했잖아요. 우리가 과도하게 운동을 하거나 예민하게 신경을 쓰면 다리나 팔 근육이 뭉쳐서 아프듯, 위장관 근육도 다양한 이유로 인해 뭉칠 수 있답니다.

근육이 뭉쳐서 배가 아픈 경우에는 배를 쥐어짜거나 찌르는 듯한 통증이 생기는데 두통, 생리통 등에 쓰는 진통제는 이럴 때 효과가 없어요.

이런 경련성 복통을 막아 주는 약이 바로 '진경제'예요. 긴장해서 뻣뻣

하게 뭉친 근육을 느슨하게 풀어 주지요. 진경제는 진(누를 鎭), 경(경련 痙), 제(약 劑)로 이루어진 한자말입니다. '경련을 진정시켜 주는 약'이라는 뜻이죠. 진경제는 소화 기관의 경련성 복통뿐 아니라 생리통에 사용되기도 한답니다.

멀미약,
차만 타면 너무 어지러워요

차를 타면 평소와 달리 심하게 흔들리기도 하고 눈앞에서 무언가가 빠르게 지나가기도 합니다. 이때 나타나는 어지럽고 울렁거리는 증상을 '멀미'라고 합니다.

멀미가 꼭 탈것을 탔을 때만 나는 건 아니에요. 몸이 흔들리면 생길 수 있어요. 멀미는 주로 어렸을 때 많이 생기는데요. 12살 정도가 되면 거의 없어진다고 합니다. 하지만 어른이 되어서도 멀미로 고생하는 사람이 꽤 있습니다. 드물기는 하지만 아주 심한 사람은 평생 배는 물론 버스나 기차를 타지 못하는 경우도 있습니다.

멀미가 날 때는 속이 울렁거리지 않게 해 주는 약과 어지럽지 않게 해 주는 약을 사용합니다. 속이 울렁거리지 않게 하는 약은 앞서 말한 진경제랑 성분이 같아요. 약을 먹고 나면 배 아픈 것도 없어지겠죠. 어지럽지 않게 하는 약은 콧물약에 들어 있던 히스타민 작용을 막는 약과 같습니다. 멀미약을 먹고 졸린 것은 이 성분 때문입니다. 본래 약이라는 게 한 곳에서만 작용하는 것이 아니라서 다양하게 사용될 수 있어요. 구토를 막는 약은 입이 마르거나 눈이 부시는 등 다양한 부작용이 있기 때문에 유·

소아에게는 사용할 수 없어요. 붙이는 멀미약으로 유명한 키미테도 부작용이 생길 수 있어 유·소아는 의사 처방을 받아야만 사용할 수 있습니다.

붙이는 멀미약은 출발하기 4시간 전에 사용하며 48시간 효과가 지속됩니다. 먹는 멀미약은 출발 30분 전에 먹으면 되는데 추가로 4시간 후 한 번 더 복용할 수 있어요.

변비약,
아무리 힘을 줘도 나오지 않아요

끙! 끙! 끙!
아무리 힘을 줘도 똥이 포도씨만큼만 나와요.
화장실을 못 가서 온몸이 무거워요.
하루에 한 번씩 시원하게 볼일을 볼 수는 없을까요?

화장실을 갔는데 아무리 힘을 줘도 변이 잘 안 나온다면 너무 괴롭겠죠? 변이 잘 나오지 않거나 시원하게 볼 수 없을 때 '변비'가 있다고 해요.

똥은 소장에서 음식물 흡수를 마친 찌꺼기들이 대장을 거치면서 수분이 흡수되고 농축되어 만들어집니다. 그런데 지나치게 오래 머물게 되거나 장내에 수분이 부족해지면 변이 너무 단단해지면서 변비가 생기는 거예요.

변비약은 장속에 수분을 늘리거나 장 운동을 자극하는 약들로 구성돼 있어요. 대장에서 작용해야 하므로 위에서 녹지 않고 장까지 무사히 도착해야겠죠? 따라서 약을 먹을 때 물 대신 우유에 먹거나 위산을 조절하는 제산제 등과 함께 먹지 않도록 주의해야 해요. 대장까지 약이 내려가려면 시간이 꽤 걸리기 때문에 이를 고려해서 복용해야 하고요. 보통 자기 전에 먹으면 아침에 변을 볼 수 있답니다.

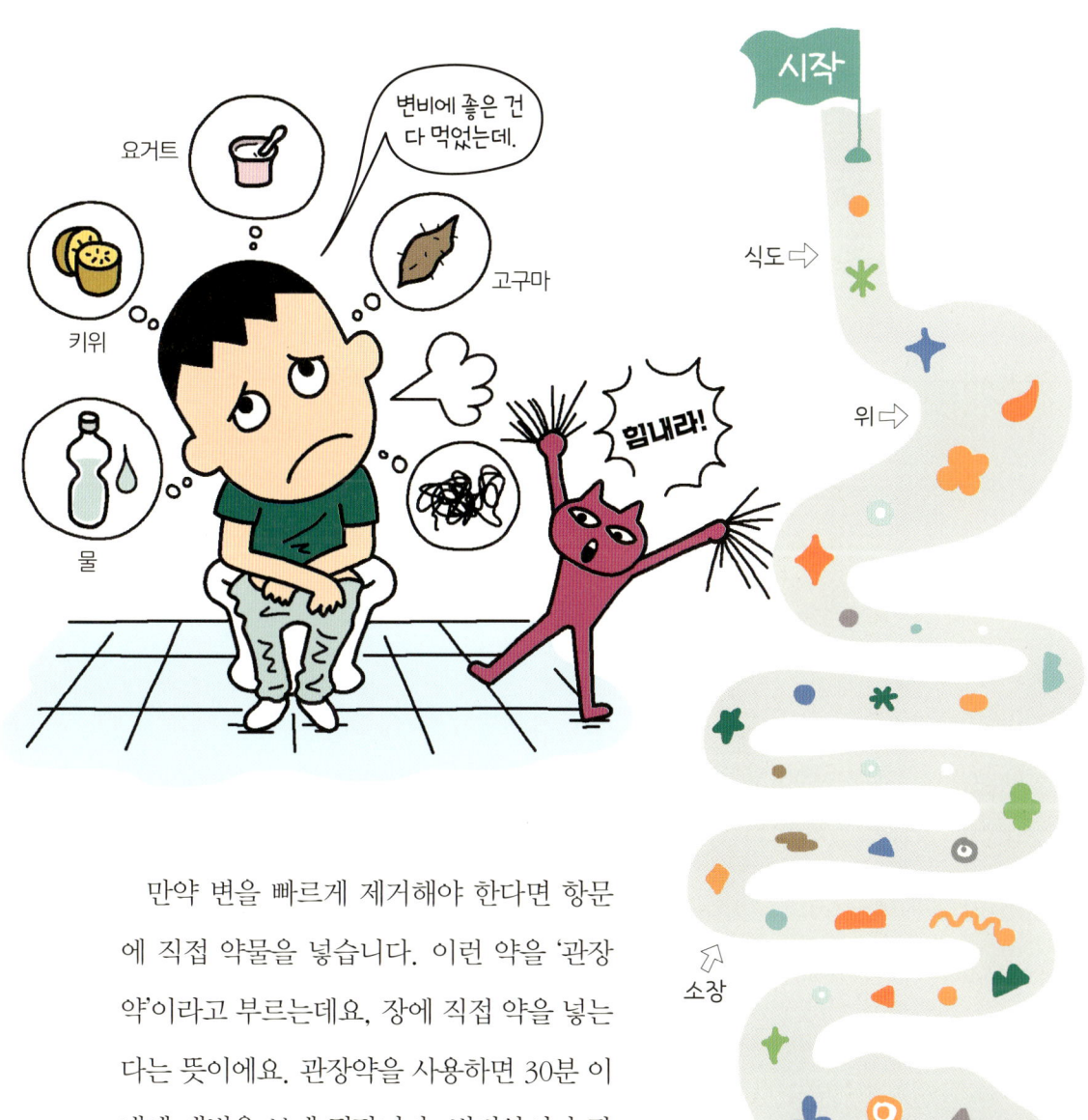

만약 변을 빠르게 제거해야 한다면 항문에 직접 약물을 넣습니다. 이런 약을 '관장약'이라고 부르는데요, 장에 직접 약을 넣는다는 뜻이에요. 관장약을 사용하면 30분 이내에 대변을 보게 된답니다. 변비약이나 관장약은 자주 사용하면 습관이 될 수 있으므로 주의해서 꼭 필요할 때만 사용해야 해요.

수면제, 어떻게 해야 잠을 잘 잘 수 있죠?

상당히 많은 사람들이 **수면 장애**를 앓고 있습니다. **우리나라**에서 수면 장애를 앓고 있는 사람은 약 **63만 명**이 넘습니다. 잠을 잘 자기 위해서는 **규칙적으로 운동**하고 수면에 **방해되는 음식을 먹지 않는** 게 좋습니다.

"양 한 마리, 양 두 마리, 양 세 마리… 양 천 마리… 만 마리…."

잠이 오지 않아 천장을 바라보며 잠이 올 때까지 양을 셌다는 사람이 더러 있습니다. 하지만 양을 만 마리까지 세도 잠이 들지 않을 때가 있습니다. 우리가 잠잘 때 뇌는 깨어 있는 동안 받았던 많은 정보를 저장하고 몸은 피로를 회복한답니다. 그러니 잠을 제대로 자지 못하면 굉장히 피곤할 뿐만 아니라 다양한 질병이 생기기도 해요.

우리가 어떻게 잠에 빠져드는지 아직 완전히 밝혀지진 않았지만 확실한 건 뇌 신경이 계속 흥분되어 있으면 잠들지 못한다는 겁니다. 수면제는 흥분된 신경을 평온하게 만들어서 잠이 들게 합니다. 수면제는 자기 직전에 복용합니다.

간혹 조금만 잠이 오지 않거나 불안해도 수면제를 먹고, 쉽게 자주 먹어도 되는 약이라고 생각하는 사람들이 있어요. 절대 그렇게 하면 안 됩

니다. 수면제는 온갖 방법을 다 써 봤는데도 잠을 잘 이루지 못하거나 불안한 사람에게 일시적으로 사용하는 약이랍니다. 금방 내성(약 용량을 갈수록 늘려야 효과가 나타나는 것)이 생기기도 하기 때문에 절대 함부로 쓰지 않아야 해요. 꼭 의사의 처방에 따라 필요할 때만 사용합니다.

12. 정신질환약과 치매약, 점점 환자가 늘고 있어요

정신질환 가운데 가장 많이 알려진 게 **우울증**입니다. 현재 우리나라의 **우울증 환자는 약 100만 명**이 넘는다고 합니다. 예전에는 주로 나이가 많은 사람들이 앓았지만 **최근에는 젊은 사람들도 많이** 앓고 있습니다. 또 **65살 이상 노인** 가운데 약 **10퍼센트**가 **치매**를 앓고 있습니다.

정신질환약

뇌를 흥분시키는 물질이 너무 많아지면 이상한 상상이나 생각, 과잉 행동을 하게 됩니다. 반대로 너무 부족해지면 의욕이 없어지고 피해 의식이 강해지며 우울해지죠. 정신병, 우울증, 양극성 장애 등은 모두 뇌 신경 전달 물질이 과잉되거나 부족해서 생기는 질환입니다.

아주 오래전 서양에서는 정신질환이 뇌에 문제가 생긴 거라고 여겨서 뇌 일부를 자르거나 전기 충격 등을 가하기도 했답니다. 또 마음만 굳게 먹으면 치료가 된다고 생각했기 때문에 주로 상담 위주로 치료하거나, 치료가 잘 되지 않는 환자들은 사회와 따로 격리시키기도 했죠. 하지만 최근에는 이런 질환들이 뇌 신경 전달 물질 이상에서 올 수도 있다는 사실이 많이 알려지면서 약물 치료와 상담 치료를 함께 하고 있답니다.

우울증 치매

치매약

'치매'는 뇌 기능이 손상되어 기억력과 언어 능력, 판단력 등이 떨어지는 병을 말합니다. 치매를 앓게 되는 유형은 다양합니다. 대표적으로 뇌의 일부가 쪼그라들어 생기는 '알츠하이머병'이 있는데요. 주로 기억 장애, 언어 장애, 판단력 장애 등이 생겨 사람의 얼굴도 잘 알아보지 못하게 됩니다. 또 뇌의 신경 세포가 손상되어 손이 떨린다거나 걸음걸이가 이상해지는 등 다양한 운동 장애가 생기는 '파킨슨병'도 치매로 이어지는 경우가 많습니다.

아직 치매의 원인이 정확하게 밝혀지지 않았습니다. 지금도 많은 과학자들이 치매 치료제를 개발하고 있지만 아직까지 뇌의 손상을 막거나 뇌 신경을 되살릴 수 있는 약은 없습니다. 지금 사용할 수 있는 약은 병의 진행을 늦추는 것입니다.

혈압약,
침묵의 살인자, 고혈압을 막아요

스트레스가 쌓여 심장 박동이 강해지면 혈압이 올라갑니다. 동맥에 찌꺼기가 쌓여도 혈압이 올라가지요. 짠 음식을 피하고 꾸준히 운동을 하면 좋아질 수 있습니다.

여러분은 심장에서 나온 피가 혈관을 통해 우리 몸을 돌고 있다는 것을 알고 있나요? 혈관은 피가 흐르는 관으로, 우리 몸 곳곳에 퍼져 있습니다. 혈관을 통해 피가 우리 몸 곳곳으로 이동하지요.

혈관은 여러 종류가 있지만 크게 동맥과 정맥으로 나눌 수 있습니다. 동맥을 흐르는 피에는 산소와 영양분이 가득 들어 있습니다. 심장에서 출발한 피가 동맥을 통해서 몸 전체로 퍼져 나가 산소와 영양분을 공급합니다. 임무를 마친 피가 다시 심장으로 돌아갈 때는 정맥을 이용합니다.

1분 동안 얼마나 많은 양의 피가 움직일까요? 가만히 휴식을 취하고 있을 때 1분 동안 심장에서 나오는 양은 5리터이고, 운동을 할 때는 무려 25리터의 피가 뿜어져 나온다고 합니다. 엄청나죠? 심장에서 피를 밀어내기 위해 동맥에 압력을 가하는데 이때 동맥에 가해지는 압력이 바로 '혈압'입니다. 즉, 혈압이 높다는 것은 동맥에 많은 압력이 가해지는 것이

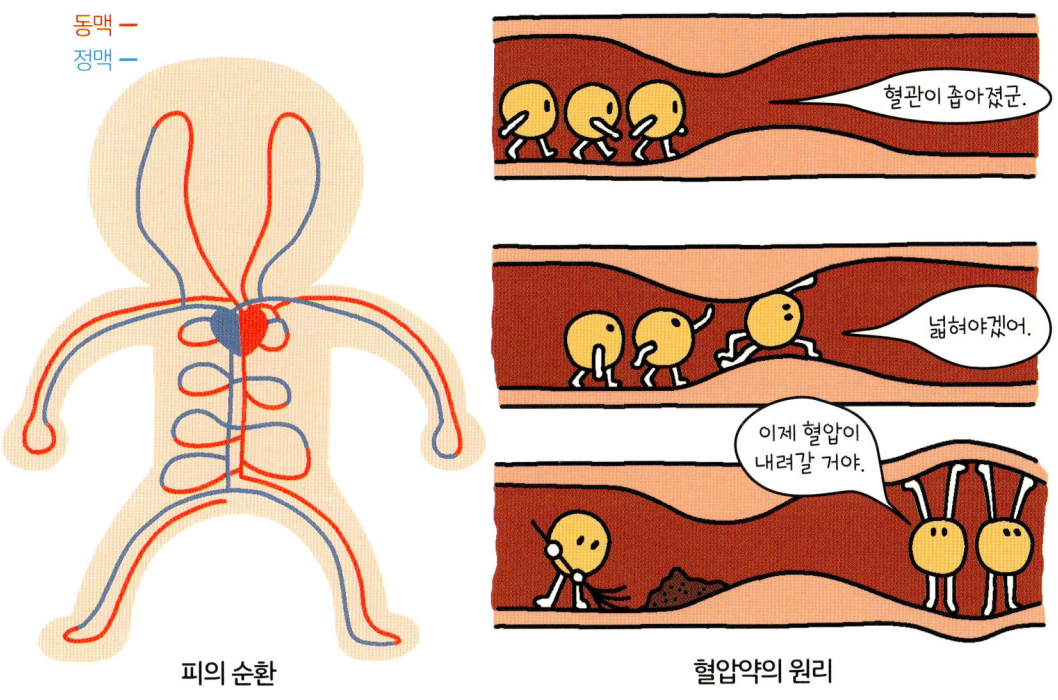

피의 순환　　　　　　혈압약의 원리

고 낮은 것은 적은 압력이 가해지는 거예요. 혈압이 너무 낮을 경우 '저혈압'이라고 하는데, 피가 잘 이동하지 못하는 거라 매우 위험하답니다. 혈압이 너무 높을 경우 '고혈압'이라고 해요. 혈압이 너무 높아져 혈관이 압력을 이겨 내지 못하면 터지고 맙니다. 만약 뇌 혈관이 터지면 매우 치명적이죠. 그 외에도 고혈압은 많은 질병을 일으키는데 심각한 질병이 될 때까지 별 증상이 나타나지 않기 때문에 '침묵의 살인자'라고 부르기도 합니다. 일반적으로 '혈압약'이라고 하면 고혈압약을 의미해요. 혈압약은 높아진 혈압을 낮춰 주는 역할을 합니다.

14

백신, 병원균과 싸울 수 있는 힘을 길러 줘요

백신은 바이러스에 감염되어도 이겨 낼 수 있게 해 주는 예방 주사입니다. 백신을 맞고 나면 열이 나서 주사를 맞은 어깨가 붓는 등 부작용이 나타날 수 있습니다. 대부분의 백신은 주사로 놓지만 소아마비 예방 백신처럼 먹는 것도 있습니다.

우리 몸 안의 면역 세포는 한번 들어온 병원균을 기억합니다. 같은 병원균이 다시 몸에 들어오면 효과적으로 대응하기 위해서입니다. 백신은 이런 우리 몸의 면역 반응을 이용해서 만든 약입니다.

질병을 일으키는 병원균을 매우 약하게 만들어 우리 몸에 넣으면 몸의 면역 세포들이 가볍게 싸우면서 저항력을 키울 수 있습니다. 그러면 다음에 진짜 균이 들어왔을 때 좀 더 쉽게 물리칠 수 있겠죠.

백신을 처음 시도한 영국 의사 에드워드 제너가 살던 1700~1800년대에는 천연두가 매우 무서운 질병이었습니다. 천연두 바이러스에 감염되어 천연두에 걸리면 높은 열에 시달리고 피부에 종기가 심하게 나서 죽는 사람도 많았습니다. 게다가 전염력도 무척 강했죠. 살아남는다고 해도 합병증 등으로 매우 고통스러웠고요. 그때 제너는 우두(젖소의 젖이 헐고 짓무르는 병)에 걸린 소 젖을 만진 사람들은 천연두에 걸리지 않는다는

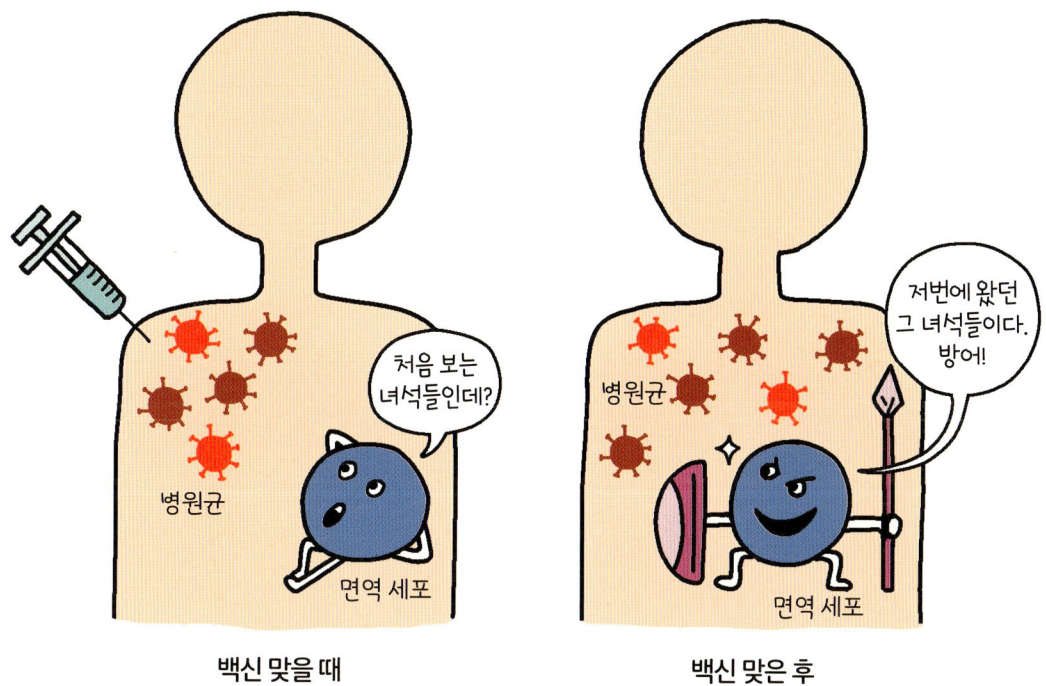

백신 맞을 때   백신 맞은 후

것에 착안했습니다. 사람이 우두에 감염되면 고름이 생길 수 있지만 증상이 심하지는 않았어요. 그래서 우두에 감염된 여성의 고름을 건강한 소년에게 일부러 접촉시켰습니다. 두 달이 지난 뒤 소년에게 천연두 환자의 고름을 접촉시켰는데, 진짜로 천연두에 걸리지 않았답니다. 이것을 '우두법'이라고 하죠.

백신을 접종하고 나면 면역 반응이 일어나기 때문에 열이 나거나 몸살 등 증상이 나타날 수 있습니다. 백신 접종 당일 날은 잘 먹고 충분히 휴식하는 게 좋습니다. 혹시 열과 통증이 심해진다면 해열 진통제를 복용합니다.

항암제,
암세포와 싸우는 약

**대한민국 국민 사망 원인 중 1위가 암이에요.
암은 예방과 조기 발견이 가장 중요하기 때문에 암을
발생시키는 요인을 최대한 멀리하고
건강 검진을 주기적으로 받는 것이 좋아요.**

우리 몸은 매우 많은 세포들로 이뤄져 있습니다. 이 세포들은 각각 자기 위치에서 적절하게 분화하며 시간이 지나면 스스로 죽고 다른 세포에게 자리를 넘겨주죠.

그런데 암세포는 일반 세포와 달리 빠르게 분화하며 스스로 죽지 않아요. 무한히 늘어나 정상 조직을 침범해서 그 기능을 망가뜨릴 수 있으므로 위험하답니다. 암세포가 특정 장기에만 발생하면 수술을 통해 제거할 수 있습니다. 하지만 몸속을 떠돌기 시작하면 수술로 제거하기는 힘듭니다. 이럴 때는 암세포처럼 몸속을 떠돌아다니며 암세포를 없앨 약물이 필요합니다. 이 약물이 '항암제'입니다.

항암제는 암세포를 없애 주는 고마운 약이지만, 부작용도 매우 많답니다. 항암제가 정상 세포에도 영향을 미칠 수 있거든요.

최근에는 암세포에서만 특정하게 나오는 단백질을 찾아 공격하는 '표

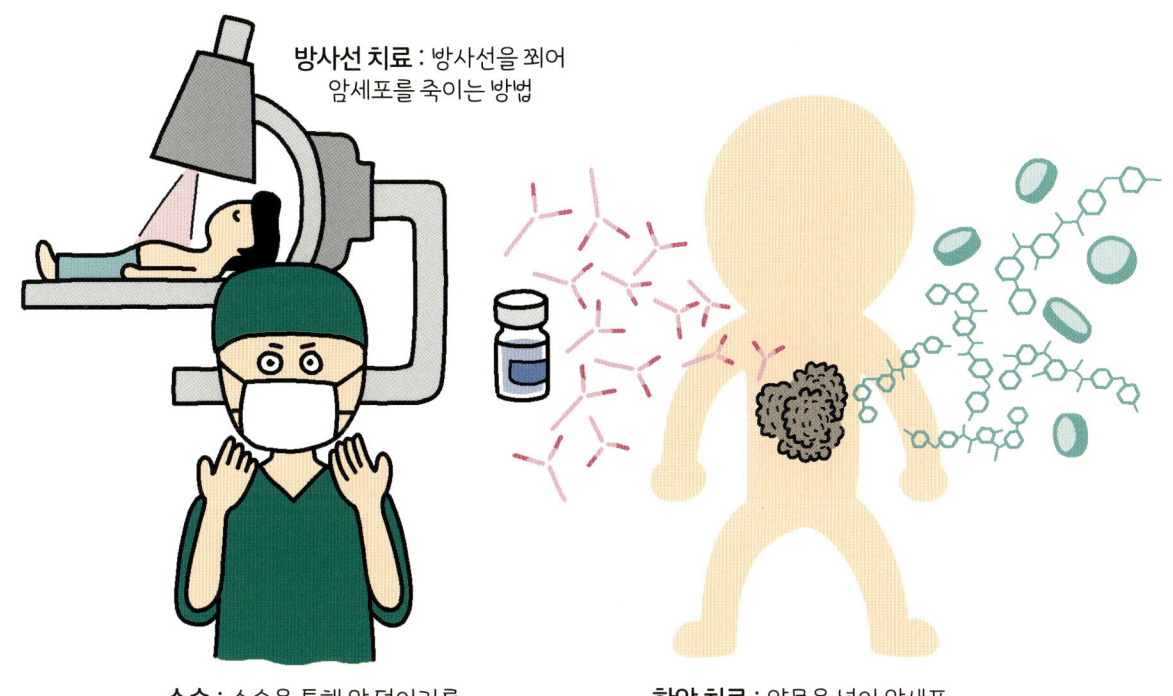

방사선 치료 : 방사선을 쬐어 암세포를 죽이는 방법

수술 : 수술을 통해 암 덩어리를 제거하는 방법

항암 치료 : 약물을 넣어 암세포를 없애는 방법

적 항암제' 등도 나오고 있습니다. 표적 항암제는 정상 세포에 미치는 영향이 상대적으로 적어 많은 관심을 받고 있는 약물입니다. 지금도 많은 과학자들이 부작용 없고 효과 좋은 암 치료제를 개발하기 위해 불철주야 노력하고 있답니다.

16

영양제,
우리 몸을 더욱 건강하게 가꿔요

'**과유불급**'이라는 말이 있죠?
아무리 건강에 도움을 주는 영양제라도 **무분별**하게
먹는다면 오히려 **건강을 해칠** 수 있어요. 어떤 약을 어떻게
먹을지는 **전문가**와 **상담**하는 게 가장 좋습니다.

    요즘은 과거에 비해서 과하다 싶을 만큼 영양 섭취가 잘 되고 있지만 균형이 잡히지 않은 경우가 많습니다. 고기, 채소, 과일 등 다양한 음식을 골고루 잘 먹으면 필요한 영양분을 충분히 얻을 수 있습니다. 하지만 채소를 먹지 않거나, 지나치게 밥·빵·면만 먹는 사람, 고기를 먹지 않는 사람, 또 과일을 먹지 않거나, 인스턴트 음식만 먹는 사람도 있죠. 이럴 경우 우리는 영양 부족 상태에 놓이게 됩니다. 그래서 영양소를 보충할 수 있도록 다양한 성분을 넣어 만든 약이 바로 '영양제'입니다.

    영양제는 성분에 따라 다양한 종류가 있답니다. 비타민과 미네랄 등 여러 가지 영양 성분을 골고루 섞어 만든 종합영양제가 대표적입니다. 스트레스나 피로감이 심할 때는 비타민B군이 부족해서일 경우가 많아요. 이럴 땐 비타민B가 많이 들어 있는 영양제를 먹어요. 철분과 같은 일부 영양소는 45세 이상 여성 대부분에게 부족하다는 통계도 있어요. 철분 결

우리 몸에 꼭 필요한 영양소

면역력에 도움을 주는 **비타민B**는 연어, 계란, 시금치 등에 많이 들어 있습니다.

피를 구성하는 **철분**은 살이 붉은 고기, 견과류 등에 많이 들어 있습니다.

뼈를 튼튼하게 해 주는 **비타민D**는 표고버섯, 고등어 등에 많이 들어 있습니다.

뼈를 구성하는 성분인 **칼슘**은 아몬드, 멸치 등에 많이 들어 있습니다.

각종 **생명 활동**에 도움을 주는 **미네랄**은 오이, 굴 등에 많이 들어 있습니다.

에너지를 만드는 등의 역할을 하는 **마그네슘**은 바나나, 아몬드 등에 많이 들어 있습니다.

핍으로 인해 두통, 어지럼증 등이 있을 때는 철분제를 먹습니다. 대한민국 국민 대부분은 비타민D 부족이라는 연구 결과도 있죠. 많은 영양 전문가들이 비타민D 보충제를 꾸준하게 복용하도록 권장하기도 합니다. 이외에도 다양한 영양제가 있습니다. 자신의 상황에 맞게 적절한 영양제를 복용한다면 건강을 잘 지킬 수 있을 거예요.

소독약, 병원에서 소독을 시작한 지 얼마 안 됐다고요?

옛날에는 의사가 환자를 진료하면서 **손을 씻지 않는 일이** 많았어요. 그러니 병원에서 치료나 수술을 받다가 죽는 일이 잦았죠. 그래서 당시 사람들은 **아파서 죽을지 수술을 받다** 죽을지 선택을 해야 했어요!

의학 드라마에서 의사가 수술실 들어가기 전에 발로 발판을 툭 치면 물이 나오면서 손을 씻는 장면 본 적 있죠? 이건 손을 깨끗이 소독하는 것입니다. 사실 의사가 환자를 치료하기 전에 소독을 한 지 그리 오래되지 않았답니다. 그게 무슨 말이냐고요?

옛날에는 수술을 하는 의사가 손을 씻어야 한다는 개념조차 없었어요. 그래서 병원에서 치료를 받거나 수술을 받다 목숨을 잃는 일이 많았습니다. 1847년 오스트리아 병원에서 근무하던 의사 제멜바이스는 산모들이 열병을 앓다 목숨을 잃는 이유를 조사했습니다. 놀랍게도 의사들이 손을 씻지 않고 여러 산모를 접촉해서 일어난 일이라는 걸 알아냈죠. 이후 아이를 받기 전에 의사가 손을 깨끗이 씻도록 하자 산모들이 목숨을 잃는 일이 줄어들었습니다.

현대적인 소독법은 그 뒤에도 무려 18년이 지난 1865년에 적용되었습

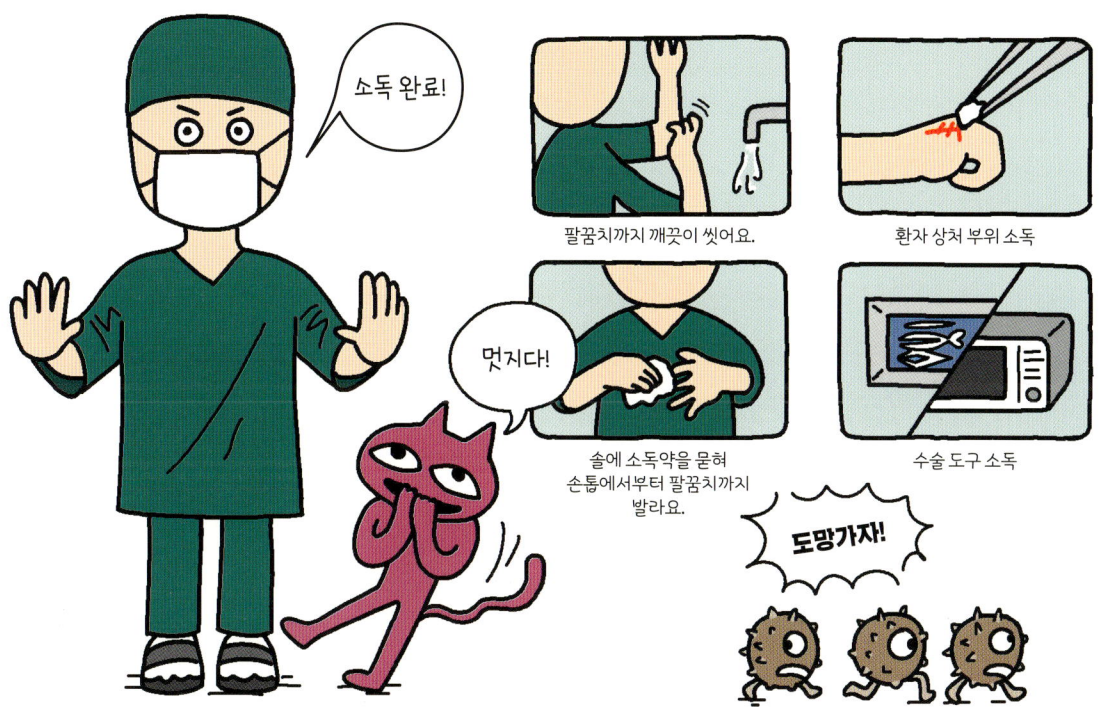

　니다. 환자의 상처가 곪는 것에 대해 연구하던 조셉 리스터는 진료소를 깨끗이 유지하면 환자의 상처가 곪는 것을 막을 수 있다는 걸 알게 되었습니다. 때문에 진료실을 환기시키고 손을 깨끗하게 씻는 등 청결한 환경을 유지하기 위해 매우 노력하였죠.

　하지만 환자의 상처에 이미 세균이 감염되어 곪는 건 어찌할 수 없었습니다. 이때 상처의 세균을 없애는 가장 좋은 방법 또한 소독입니다. 상처 난 곳을 소독하는 게 얼마나 중요한지 깨달은 조셉 리스터는 다양한 소독제로 실험을 거듭했습니다. 1867년 리스터는 '수술 행위에서 소독에 대한 원칙'이라는 논문을 발표했습니다. 이후 수술을 받아도 죽지 않는다는 인식이 생겨날 수 있었습니다.

18

마취제,
끔찍한 고통에서 벗어나 편안하게 치료 받아요

**가장 가기 싫은 병원이 어디예요? 혹시 치과 아닌가요?
아무래도 치아를 가는 소리와 눈을 가리고 입을 벌리고 있는
상태가 불편해서 아닐까요? 그런데 옛날에는 심지어
통증을 못 느끼게 하는 마취제도 없었던 것 아세요?**

마취 주사 없이 치과 치료를 받는다면 어떨까요? 생각만 해도 너무 끔찍하지 않나요?

마취제의 역사는 외과 치료나 수술의 역사와 함께합니다. 앞에서 소독에 대해 이야기할 때 언급했던 것처럼 옛날에도 수술하는 일은 있었어요. 문제는 수술이 환자의 몸을 찢거나 잘라야 하는 건데, 이게 너무나 아팠다는 것이죠. 병에 걸려 아픈 것도 괴롭지만, 수술을 받을 때의 고통에 비하면 아무것도 아니었습니다. 그래서 의사들은 환자를 기절시키거나 술을 엄청 먹이거나 무척 힘이 센 사람이 환자의 팔다리를 붙잡게 하고 수술을 했죠. 당연히 엄청나게 많은 사람들이 수술을 받다가 쇼크로 사망했습니다.

이런 의료계에 엄청난 변화가 생겼으니 바로 '에테르'를 사용해 마취를 성공시킨 것입니다. 그 주인공은 치과 의사 모튼이었습니다. 모튼은

마취제가 없었을 때   마취제를 썼을 때

1846년에 에테르로 환자를 마취시키고 치아를 고통 없이 빼내었습니다. 뿐만 아니라 목에 있는 종양을 성공적으로 제거하기도 했어요. 이후 '에테르'는 많은 외과 수술에 마취제로 사용되었죠. 초창기에 개발된 마취제는 부작용도 많았습니다. 이후에는 부작용이 줄어든 마취제들이 개발되었습니다.

  보통 외과 수술을 할 때는 몸 전체를 마취시키는 전신 마취를 합니다. 하지만 치과 치료를 받을 때는 치료할 부위만 마취시키는 국소 마취를 하죠. 너무 어린 아이의 경우에는 웃음가스라고 불리는 '아산화질소'를 사용해 호흡 마취를 합니다.

마무리하는 말

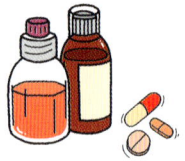 **약은 정확하고 안전하게**

자, 여러분 어땠어요? 약 이야기 재밌었나요? 그동안 약에 대해 궁금했던 것들은 해결이 됐나요? 아마 약이 이렇게 다양한 모습으로 만들어진다는 것과 각 증상이나 질병에 따라 쓰이는 약들이 이렇게 많고 다양하다는 것을 잘 알게 되었을 겁니다.

보통 한 가지 약보다는 다양한 약들을 같이 복용하는 편입니다. 이렇게 다양한 약물을 함께 복용하다 보면 서로 간에 상호 작용이 나타나기도 해요. 상호 작용이라고 해서 무조건 약효가 떨어지는 것만은 아니랍니다. 오히려 너무 강하게, 오랫동안 나타나기도 하죠. 약-약뿐만 아니라 약-음식에서도 상호 작용이 나타날 수 있답니다. 그러니 약을 복용할 때는 약사에게 같이 먹으면 안 되는 약이나 음식을 물어보는 것이 매우 중요하답니다.

여러분, 약을 가장 안전하게 사용하는 방법은 무엇일까요? 그것은 어

떤 약을 사용하는지 의사, 약사에게 정확하게 묻고 그 사용법과 주의 사항들을 잘 기억해 두는 것입니다. 그리고 아직 어린 우리 친구들은 반드시 보호자의 지도하에 약을 먹어야 합니다. 약은 잘 쓰면 몸을 치료하지만 잘 못 쓰면 독이 된다는 말이 있습니다. 그만큼 약은 잘 쓰는 것이 중요하답니다.

앞으로는 책에서 배운 내용들을 기억하면서 약에 더 관심을 가지고 유의해서 복용할 수 있겠죠? 약 먹을 일이 없으면 가장 좋겠지만 혹여 먹을 일이 생기더라도 정확하고 안전하게 사용하며 더욱 건강하게 생활할 수 있기를 바랄게요.

2023년 여름

배 현

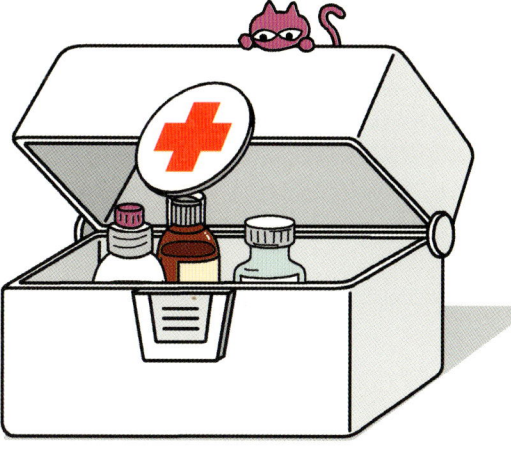

**알면 약이 되는
약 이야기**

2023년   8월 29일 1판 1쇄
2023년 11월 29일 1판 2쇄

글쓴이 배 현 | **그린이** 신병근, 선주리
편집 최일주, 이혜정, 김인혜 | **디자인** 디자인 「비읍」
마케팅 이병규, 양현범, 이장열, 김지원 | **홍보** 조민희 | **제작** 박홍기
인쇄 코리아피앤피 | **제책** J&D 바인텍

펴낸이 강맑실 | **펴낸곳** (주)사계절출판사 | **등록** 제406-2003-034호
주소 (우)10881 경기도 파주시 회동길 252
전화 031)955-8588, 8558 | **전송** 마케팅부 031)955-8595, 편집부 031)955-8596
홈페이지 www.sakyejul.net | **전자우편** skj@sakyejul.com
페이스북 facebook.com/sakyejulkid | **인스타그램** instagram.com/sakyejulkid
블로그 blog.naver.com/skjmail

ⓒ 배 현, 신병근 2023

값은 뒤표지에 적혀 있습니다. 잘못 만든 책은 구입하신 서점에서 바꾸어 드립니다.
사계절출판사는 성장의 의미를 생각합니다. 사계절출판사는 독자 여러분의 의견에 늘 귀 기울이고 있습니다.
이 책은 저작권법에 따라 보호받는 저작물이므로 무단 전재와 복제를 금합니다.

ISBN 979-11-6981-155-2 73510
ISBN 979-11-6981-159-9 (세트)